AF400577

Réponse à :
- Can't hurt Me -

Essai narratif d'un homme ordinaire face à un livre extraordinaire.

Par :

PERSONNE_01-A

Édition : BoD · Books on Demand, 31 avenue Saint-Rémy, 57600 Forbach, bod@bod.fr
Impression : Libri Plureos GmbH, Friedensallee 273, 22763 Hamburg (Allemagne)
ISBN : 978-2-8106-2940-4
Dépôt légal : Mai 2025

A ma femme,

*« Tout l'amour que j'ai pour toi, est brulant comme un feu,
il est grand est plein d'éclat, c'est si bon d'être heureux.*

*Mes cris de joie, je te les dois, car rien pour moi n'est plus
que toi, même quand tu n'es pas là tu es présente, bien
présente.*

*Tout l'amour que j'ai pour toi est plus fort chaque jour, je
crois bien qu'il durera pour la vie, pour toujours. »*

Note de l'auteur

Ce livre n'est ni un ouvrage officiel, ni une extension autorisée de *Can't Hurt Me* de David Goggins.

Il s'agit simplement de ma réponse personnelle, en tant que lecteur, aux défis proposés dans son œuvre.

Je n'ai aucun lien avec David Goggins, son équipe ou ses éditeurs.

Ce que vous allez lire est une réflexion intime, un témoignage. Une manière pour moi de partager ce que ces défis ont fait résonner dans ma propre vie.

Rien ici ne prétend corriger, critiquer ou imiter Goggins. Je propose juste une autre voix, une autre perspective — celle d'un homme ordinaire.

Merci pour votre bienveillance.

Introduction

Avant toute chose, une mise en garde :

Si vous n'avez pas lu le livre de David Goggins, *Can't Hurt Me*, il vous sera difficile de saisir pleinement le propos de cet ouvrage. Ce que vous vous apprêtez à lire n'est ni un guide de développement personnel, ni un résumé, ni encore une tentative d'analyse académique.

C'est une réponse. Une participation.

Dans *Can't Hurt Me*, M. Goggins ne se contente pas de raconter son parcours hors du commun. Il lance un appel. Une invitation directe au lecteur : « Partage à ton tour. Mets-toi à l'épreuve. Raconte. »

J'ai choisi de répondre à cette invitation.

Tout au long de son livre, Goggins propose dix défis, dix étapes, censées révéler ce que nous avons dans le ventre. Et si je me suis lancé dans cette aventure, ce n'est pas pour imiter Goggins. Je n'ai ni ses muscles, ni son mental d'acier, ni son passé militaire.

Ce livre n'est pas une tentative de rivaliser. Ce livre est une variation, une nuance, une réponse plus terrestre — celle d'un homme ordinaire, avec une vie ordinaire, qui tente simplement d'en faire quelque chose de digne.

Je suis pleinement conscient que David Goggins s'adresse, avant tout, à un public en quête d'extrême. Il écrit pour ceux qui cherchent à repousser les limites, à devenir des machines de discipline. Et il le fait brillamment.

Mais ce n'est pas le chemin de tout le monde.

Mon propos ici s'adresse à celles et ceux qui tombent sur son livre par hasard, par curiosité. Ceux qui, comme moi, n'ont rien d'un Navy Seal, mais qui ressentent malgré tout le besoin de se battre, à leur manière.

Je ne remets pas en cause ce que Goggins raconte. Au contraire, je respecte profondément sa démarche. Mais je tiens à rappeler que ce qu'il partage n'est pas une doctrine. C'est un témoignage. Et un témoignage appelle, naturellement, d'autres voix.

Voici donc la mienne.

Une voix simple. Celle d'un homme lambda, ni héros, ni philosophe. Juste un type qui, après avoir lu *Can't Hurt Me*, a eu envie de réfléchir à ce que tout cela voulait dire… pour lui.

Défi 01
Une Mauvaise Main

David Goggins commence par une vérité brutale : nous ne partons pas tous avec les mêmes cartes dans la vie. Certains naissent dans la violence, la pauvreté, ou l'indifférence. D'autres sont freinés par leur propre confort, qui les a privés du besoin de se dépasser. Ce premier défi invite à identifier notre "mauvaise main" : ces circonstances passées ou présentes qui nous freinent — traumatismes, manques, frustrations, injustices, insécurités. Goggins demande de tout écrire, en détail, sans filtre. Pas pour se plaindre, mais pour regarder la vérité en face. Il faut donner une forme à sa douleur, pour commencer à la transformer en force. L'objectif n'est pas de ressasser, mais de créer un point de départ. Car ces cicatrices, ces excuses valables, seront bientôt notre carburant.

✐ Exercice proposé : dresser une liste complète des obstacles personnels (passés ou présents), les écrire noir sur blanc, les reconnaître, les accepter — puis, si on le souhaite, les partager pour s'en libérer.

Tous les débuts sont difficiles !

Je suis né le durant l'été 1986, en République socialiste de Bosnie-Herzégovine, une des six républiques qui formaient alors la République fédérative socialiste de Yougoslavie. Dans ces simples mots se cachent déjà deux éléments défavorables, comme les prémices d'une tragédie écrite avant même ma naissance.

La première, c'est la date même de ma venue au monde. En avril 1986, à près de 1 200 kilomètres de là, le cœur d'uranium de la centrale nucléaire de Tchernobyl avait fondu, provoquant une explosion et libérant dans l'atmosphère un nuage de mort invisible. Ce nuage radioactif n'eut que faire des frontières humaines ; il se propagea partout, contaminant les champs, les rivières, et les cultures jusqu'en Yougoslavie. La pluie, imprégnée de particules invisibles, s'abattit sur les légumes, les céréales, tout ce que l'on mangeait.

L'URSS, dans son silence glacial, avait choisi de cacher la vérité. Les populations, inconscientes, continuaient de consommer des aliments chargés de poison. Ma mère, alors enceinte, faisait partie de ces victimes silencieuses.

"Pourquoi cela constitue-t-il une mauvaise main ?" me demanderait-on. Eh bien, il n'existe aucun livre de cuisine recommandant de parsemer une salade César de résidus d'uranium enrichi. Aujourd'hui, 38 ans plus tard, les conséquences de cette tragédie sont toujours là, comme des ombres qui ne s'effacent pas. Des cancers, des troubles thyroïdiens, des dysfonctionnements hormonaux : une litanie de maladies qui transforment les vies en épreuves. Et moi, dans ce récit cruel, je ne suis pas épargné.

Thyroïdite d'Hashimoto ? *Check.*
Cancer non-hodgkinien, stade 1 ? *Check.*
Neuropathie cérébrale ? *Check.*
Migraines avec aura ? *Check.*
Métabolisme en désordre ? *Check.*
Hernie discale ? *Check.*

Hypertension aiguë ? *Check.*
Éruptions psoriasiques ? *Check.*

Et je sais, je le sens : tout cela ne s'arrêtera pas là. Ces
maux, comme une horloge mal réglée, risquent simplement
de s'aggraver avec l'âge.

Le second élément de cette "mauvaise main", c'est l'endroit
de ma naissance. La République fédérative socialiste de
Yougoslavie. Un pays qui n'existe plus. Dans les années 90,
la mosaïque nationale s'est fissurée sous le poids des
nationalismes, et la guerre civile a pris le relais. Après des
années de combats, d'agressions, de génocides, d'abord six
nations émergèrent : la Slovénie, la Croatie, la Serbie, la
Bosnie-Herzégovine (mon pays d'origine), le Monténégro et
la Macédoine du Nord. Ensuite quelques années plus tard
émergeras une septième nation de cette tragédie, le Kosovo.

En Bosnie, entre 1992 et 1995, la violence atteignit des
sommets de barbarie. Croates, Serbes et Bosniaques, qui
autrefois vivaient côte à côte, se battaient désormais dans
une haine sans fin. Le point culminant des atrocités fut le
massacre de Srebrenica. Plus de 8 000 hommes et
adolescents musulmans furent abattus, méthodiquement par
les forces Serbes de Bosnie. Reconnu plus tard comme un
génocide par la Cour pénale internationale, ce crime reste
une cicatrice indélébile dans l'histoire humaine.

J'ai eu une chance immense : celle d'être évacué avant que
la guerre n'atteigne ma région natale. Un exil vers un pays
européen, loin des bombes et des fusils. Cependant cela ne
veut pas dire que notre enfance fût épargnée de malheurs.
Mes premières années furent bercées par des récits de
guerre, la pauvreté et l'angoisse silencieuse de parents
rongés par la peur pour ceux restés là-bas. Mes parents, je

leur dois tout. Notre existence tien uniquement de leur amour, leurs sacrifices pour nous offrir un semblant de vie dans un monde qui semblait vouloir nous oublier.

Mais même avec toute leurs abnégations les réalités étaient là. Un enfant ne sait pas qu'il manque de quelque chose s'il ne l'a jamais connu. Ce n'est qu'en devenant adulte que mon frère et moi avons compris : nous n'avions pas grandi comme nos camarades. La première main qui nous avait été distribuée était marquée par l'adversité.

Les Conséquences de l'Indifférence

Adolescent, je ne peux pas dire que quelqu'un ou quelque chose ait cherché activement à me saboter. Non. Mon histoire n'est pas celle d'un complot ou d'une malveillance délibérée. Elle est celle d'une indifférence totale, celle qui laisse les enfants se perdre dans les fissures du système.

Je me souviens de ma quatrième année scolaire, en 1995. Je n'étais pas un bon élève. Je ne faisais pas mes devoirs. Je cachais mes cahiers pour éviter de montrer mes mauvaises notes à mes parents. Eux, à cette époque, avaient des préoccupations plus grandes : un pays en guerre, un travail harassant, et une survie à assurer. Même avec la meilleure volonté du monde, ils n'auraient pas pu suivre nos devoirs scolaires, d'autant plus que tout se faisait dans une langue qu'ils ne maîtrisaient pas.

Je dus redoubler cette année. Je perdis mes camarades, mes repères, et j'héritai d'une haine de l'école que je porterais encore longtemps après. Les railleries des enfants s'ajoutaient à cela : *"Ne joue pas avec lui, c'est un redoublant."* Comme si ce mot était une marque d'infamie.

Ma maîtresse, de la part de la quelle on pense qu'on pourrait objectivement s'attendre à un certain niveau de délicatesse pédagogique, as préférer adopter une stratégie différente quitte à enfoncer le clou et me sermonnas : *"Si tu n'es pas attentif, tu vas encore redoubler, c'est ça que tu veux ?"*

Je me souviens de ces deux premiers trimestres passés seul dans la cour de récréation, assis sur un petit rebord sous une fenêtre. En solitaire. Jusqu'à ce jour où, je suppose, voyant mes notes qui correspondaient à la moyenne haute de la classe, ma maîtresse changea soudainement d'attitude. Un véridique revirement à 180°. Je ne me rappel plus comment on en est arrivé là. Je me souviens uniquement qu'un jour elle me questionna plus que d'habitude. Elle s'informa sur mon quotidien. Je ne sais pas exactement ce qui avait déclenché son soudain intérêt. Avait-elle observé quelque chose ou était-elle simplement d'humeur altruiste ? Le fait est qu'a un moment elle se tournas vers mes camarades qu'elle avait rassembler peut avant et posa cette question simple et brutale : *"Pourquoi est-il toujours seul ?"*

Je n'avais pas de réponse. Je n'en ai toujours pas. Était-ce la solitude d'un foyer trop lourd à porter ? Ou une crise d'identité, née du rejet des autres ? Je ne sais pas.

Ce jour-là, un garçon du nom d'Éric me tendit la main et dit : *"Aujourd'hui, tu joues avec nous."* Même si ça réaction envers moi eu été engager par pitié je ne la rejetais pas. Peu de temps après durant la pause de 10.00h, je me retrouvai dans la cour de récréation positionné entre deux blousons placé scrupuleusement au sol a une distance exacte de trois grands pas. Je venais de devenir le gardien de la classe de 4ème de Mme B. Durant le match qui suivie qui nous opposait aux champions du 2ème trimestre des 4ème années scolaires je fis un arrêt "spectaculaire". Ce n'était pas l'arrêt

lui-même qui impressionna, mais mon courage : je m'étais
jeté sans hésitation sur le sol dur pour attraper le ballon.

Après cela, je jouais tous les jours. Mais cette victoire avait
un goût amer. Pourquoi avait-il fallu attendre deux
trimestres, une éternité du point de vue d'un enfant de
11ans, pour que je sois intégré ?

Le Système et ses Jugements

Une fois cette étape franchie, ce fut au moment du passage
entre la sixième année de l'école primaire et le lycée que les
choses se compliquèrent à nouveau pour moi. Souvenez-
vous, je parlais plus tôt de cette indifférence systémique, de
cette absence de malveillance directe.

C'est au moment de préparer mon entrée au lycée que ma
trajectoire commença à s'infléchir. Une commission
d'enseignants, épaulée par une psychologue scolaire, se
réunissait pour décider de l'orientation des élèves. Du point
de vue de l'adolescent que j'étais le processus semblait
rationnel, presque scientifique. Mais dans la réalité, il y avait
des biais, des approximations, des jugements sommaires que
nul ne prenait la peine d'interroger.

Il faut dire à la décharge de ce conseil d'orientation et de la
psychologue qui le conseillait que ce système venait d'être
introduit. Nous étions la première génération à en
"bénéficier", des cobayes d'une méthode balbutiante. Mais
l'erreur, aussi involontaire soit-elle, n'en fut pas moins
désastreuse.

La proposition fut de m'envoyer en classe adaptatoire, un
cul-de-sac éducatif pour les élèves jugés "ayant des besoins

éducatifs spécifiques", ceux que l'on n'estimait pas assez bons pour suivre un cursus classique, mais pas assez faibles pour nécessiter une attention particulière. Une voie pour les invisibles, ceux dont on ne savait pas quoi faire.

Aujourd'hui encore, en revoyant mes notes de l'époque, cette décision me paraît incompréhensible. J'avais le niveau. Objectivement, rien ne justifiait qu'on m'écarte ainsi du chemin des études supérieures. Mais cette "proposition" tomba comme un verdict, et mes parents, épuisés, préoccupés par des problèmes bien plus urgents, n'avaient ni le temps ni l'énergie de la contester. Pourquoi remettre en cause l'avis de prétendus experts, assis derrière leurs titres et leurs protocoles ?

C'est là que, bien plus tard, je me suis surpris à me poser cette question insidieuse : si mon nom avait été différent, plus "occidental", aurais-je été jugé de la même manière ? Aurais-je eu droit à cette chance que l'on semblait si prompt à refuser aux étrangers ? Peut-être. Mais avec tout mon cœur, je me refuse à le croire. Je préfère penser que c'était un accident, une erreur née d'un système immature et d'un regard ignorant, mais impartial. Me persuader du contraire, ce serait accorder trop de pouvoir à cette injustice, et je refuse de lui laisser ce privilège.

L'École des Grands

Lorsque le moment vint d'intégrer le lycée, mon frère ainé prit soin de me rappeler, encore et encore, que j'entrais dans "l'école des grands". Ses sermons étaient solennels, comme s'il me préparait à une bataille que je n'avais pas encore comprise. Il réussit même à me faire peur, suffisamment pour que je prenne l'année au sérieux.

Pendant le premier trimestre, pour la première fois de ma vie, je fus assidu. Je faisais mes devoirs, j'étudiais avant chaque interrogation et contrôle écrit. Cet effort porta ses fruits : je terminai la première partie de l'année en cours en tant que premier de ma classe, porté par des résultats excellents, en particulier dans les matières scientifiques. Mathématiques, histoire, géographie, biologie : tout ce qui demandait logique et esprit analytique me venait naturellement.

Mais cette discipline ne dura pas. Après un premier trimestre brillant et un deuxième tout aussi honorable, je me relâchai. J'avais compris une règle simple, presque cynique : pour réussir une année, seule la moyenne générale comptait. Fort des acquis des premiers mois, je m'autorisai à me reposer sur mes lauriers. Malgré ce relâchement, je bouclai l'année en tête de ma classe avec la meilleure moyenne générale.

Le Déclin au Lycée

C'est à la seconde année de lycée que tout bascula. Les bons résultats de ma première année de lycée m'ont permis d'intégrer un cursus scolaire plus élevé. Je m'explique : en sortant d'une classe dite "adaptatoire", le cursus linéaire prévoyait une orientation vers la 8e polyvalente. Or, grâce à mes résultats, j'ai pu intégrer une 8e dite technique. Ce n'était pas encore le "klassique", cette voie prestigieuse réservée à l'élite scolaire, mais une étape juste en dessous, destinée à préparer les élèves aux filières techniques et spécialisées.

Mon raisonnement était simple : si je réussissais, tant mieux. Si j'échouais, je pourrais toujours redescendre d'un niveau et poursuivre sans perdre d'année. Mais mes espoirs, cette fois-ci, se heurtèrent à une nouvelle réalité : l'adolescence, ses influences, et cette envie incontrôlable de trouver ma place parmi les autres.

Je me mis à fréquenter un groupe d'élèves que je trouvais "cool". Ils n'étaient pas délinquants ; loin de là. C'étaient des jeunes qui passaient pour des durs sans jamais franchir la ligne rouge. Ils n'étaient ni violents, ni impliqués dans des trafics, si ce n'était pour quelques consommations personnelles. Leur compagnie était légère, insouciante, et quelque part, j'avais besoin de ça.

Pourtant, à cause de mes origines yougoslaves, je fus immédiatement mis dans une case. J'étais "le Yugo", celui que l'on venait chercher en cas de bagarre, celui qui imposait une certaine tranquillité par sa seule présence. Je me souviens d'une scène précise : un jour, un adolescent, à peine plus âgé que nous, s'approcha pour racketter un de mes camarades. Il avait cet accent familier, ce ton que je connaissais si bien. Je le fixai droit dans les yeux et lui dis, en yougoslave :

"Necemo se valjda izmedu nas gulit." (*"Nous n'allons quand même pas nous dépouiller entre nous."*)

L'effet fut immédiat. Le garçon, surpris, recula en murmurant : *"Je savais pas que t'étais un des nôtres. Non, non, tout va bien, frère."* Et il nous laissa tranquilles.

Cet événement eut un écho inattendu. Très vite, la rumeur circula : rien ne pouvait vous arriver si vous étiez avec moi. Une fausse réputation s'installa, apportant son lot de jalousies et de provocations. Certains élèves, frustrés, se mirent à me défier. Chez moi, une fausse confiance naquit. Je commençai à croire ces murmures, à me prendre pour ce qu'on disait de moi. Et au lieu de riposter par la parole, je répondais par les poings.

De nature plutôt timide, peu habile avec les mots, je découvris dans la violence une réponse immédiate, brutale, mais terriblement efficace. Chaque joute verbale se terminait par un poing serré, un geste qui rétablissait l'ordre à mes yeux — mais qui ne faisait que m'enfoncer un peu plus aux yeux des autres. Je me bâtis une réputation qui dépassait de loin mes intentions. Le proviseur finit par s'en mêler, lassé de mes absences répétées, de mes altercations presque hebdomadaires. Car oui, en parallèle, je m'étais mis à sécher les cours avec une régularité presque exemplaire. Ce mélange explosif — violence et absence — transforma cette seconde année en un échec retentissant.

Je retombai alors dans ce que l'on appelait le niveau "Polyvalent", ce fameux filet où finissaient ceux qui avaient trébuché sans se relever à temps. À ce stade, mon plan initial était mort et enterré. Je ne faisais plus que naviguer à vue.

La Descente aux Enfers

Les bagarres et les absences s'enchaînèrent, inlassablement, jusqu'au jour où je franchis une ligne que même moi, je n'aurais jamais imaginé dépasser. C'était en troisième année de lycée, en plein cours de biologie, dans cette salle en gradins où chaque rangée surplombait la précédente.

J'étais assis juste en dessous de trois camarades. La biologie faisait partie des matières que j'appréciais particulièrement ; elle attisait ma curiosité naturelle et, ce jour-là, je suivais attentivement le cours, indifférent aux murmures et aux mouvements derrière moi. Puis, soudainement quelque chose heurta violemment l'arrière de ma tête. Un choc bref, sec. Un stylo. Je fus frappé d'une main mal intentionnée.

Sans réfléchir, persuadé que le coup venait de l'élève assis juste derrière moi, je me retournai brusquement, le foudroyai du regard et lui dit : — C'était toi ?

L'autre, plutôt que de nier ou de s'expliquer, se contenta de me répondre d'un ton arrogant et condescendant : — *Ohhh, quoi ? Qu'est-ce que tu veux ? Retourne-toi et regarde devant toi !*

Son mépris me fit bouillir. Une montée de rage pure. Je me levai d'un bond, menaçant, et lui laissai le temps de se redresser. À peine avait-il quitté son siège que je fendis sur lui a coup de poing direct au visage. Il bascula en arrière et s'effondra sur la table. Je ne m'arrêtais pas. Je frappais encore et encore. Il ne put rien faire pour se défendre.

Puis, du coin de l'œil, je vis notre professeur s'élancer dans les gradins. L'adrénaline me submergeait. Sans même réfléchir, je saisis mon camarade et le projetai violemment sur l'enseignant.

Ce fut un instant de chaos.

Plus tard, j'appris que le véritable coupable n'était pas ce camarade, mais un autre garçon, assis un peu plus loin. Je me souviens encore du troisième camarade, celui qui avait assisté à toute la scène, me regardant avec un mélange d'incompréhension et de malaise. Il m'avait demandé si j'allais m'excuser auprès du garçon que j'avais frappé. Ma réponse avait fusé, tranchante et sans appel : hors de question. C'était à lui de s'excuser auprès de moi. Après tout, il m'avait provoqué.

Avec le recul, je réalise combien tout cela était dérisoire. Qui avait lancé le premier coup ? Qui avait tort ou raison ? Tout cela n'avait plus la moindre importance. Ce qui comptait, c'était ce que *moi*, j'avais fait. *Moi*, qui avais cédé à la colère. *Moi*, qui avais franchi cette ligne.

L'école, quant à elle, jugea nécessaire de me sanctionner. C'est ainsi que je passai mes premières heures de colle, figé par une angoisse sourde. Mais pas celle que l'on pourrait croire. Je me moquais bien des sanctions administratives. Ce qui me terrifiait, c'était la déception de mes parents. Ces parents qui avaient tant sacrifié pour nous offrir une vie meilleure allaient apprendre que leur fils était devenu un bagarreur. Un perturbateur.

L'Inévitable Réorientation

Cette année-là, au second trimestre, l'école organisa des séances d'orientation professionnelle approfondies. Chaque élève devait choisir une spécialisation scolaire ou professionnelle. Ce n'est qu'à ce moment précis que je réalisai la vérité : je n'avais plus aucune option.

Personne ne nous avait expliqué que certains parcours, certains rêves, étaient hors de portée une fois qu'on avait quitté les sentiers traditionnels. C'était une fatalité que j'avais acceptée sans même m'en rendre compte. Les études universitaires m'étaient désormais inaccessibles. Mon rêve d'enfant, celui de devenir archéologue ou historien, s'était dissipé comme une fumée que l'on essaie vainement de retenir entre ses doigts.

Il ne me restait plus qu'une voie : l'apprentissage dans un métier manuel. Alors, il fallut choisir. Et je choisis.

L'Électricien Par Défaut

Je décidai de devenir électricien, un choix qui ne relevait ni de la passion ni de la vocation, mais plutôt de circonstances pratiques. Deux raisons motivèrent ce choix. La première fut la journée d'orientation où nous avions visionné des vidéos présentant les différents métiers. J'y vis un homme, impeccable dans sa chemise de travail propre, qui se promenait avec un escabeau et réparait des luminaires au plafond. Dans ma naïveté juvénile, j'imaginai un métier sans poussière, propre et ordonné. La seconde raison était plus simple encore : la première année d'apprentissage se déroulait à plein temps à l'école, ce qui signifiait que je pourrais passer une année de plus avec mes camarades.

Ce n'était pas un choix glorieux. Mais c'était mon choix.

Une Nouvelle Réalité

Je tiens à préciser une chose, aujourd'hui, avec le recul : je ne considère pas ce métier comme une mauvaise main. Non, bien au contraire. Cette voie, même choisie par défaut, m'a permis de découvrir des talents enfouis et un rêve inattendu que j'ai pu réaliser, ne serait-ce que brièvement. Les années qui suivirent, entre apprentissage et vie professionnelle, furent riches d'expériences — certaines bonnes, d'autres moins. Mais elles m'ont permis de trouver ma place, de m'établir dans cette société où, au début, je n'étais qu'un étranger parmi tant d'autres.

Le Poids des Biais

Ce que je considère comme une mauvaise main, en revanche, c'est cette opportunité qui m'a été dérobée avant même que j'aie eu le temps de la saisir. Cette décision prise par des adultes bien intentionnés, mais aveuglés par des biais cognitifs aussi insidieux que destructeurs. Car dans ce monde, on ne vous dit pas que votre nom, votre accent ou vos origines peuvent suffire à fermer des portes. Vous le découvrez à vos dépens. Que l'on s'entende bien : il ne s'agit pas ici de désigner un coupable ou de pointer du doigt qui que ce soit. Personne ne porte, à lui seul, la responsabilité du passé. Ni pour l'éclatement d'un pays, ni pour une catastrophe nucléaire, ni même pour une décision prise au détour d'un conseil d'orientation. Je reste persuadé que, la plupart du temps, chacun cherche simplement à faire ce qui lui semble juste, dans l'instant.

Mais ce qui m'importe ici, ce n'est pas d'accuser, mais de comprendre. De mettre en lumière ce qui, pour moi, a constitué une "mauvaise main" et d'en identifier l'origine. Et ce que je vois, avec le recul, c'est une chaîne silencieuse d'événements où les biais cognitifs, les erreurs de communication et l'égoïsme déguisé en pragmatisme ont précipité, un à un, la chute de ces dominos invisibles. Jusqu'à ce qu'ils viennent percuter des trajectoires individuelles, alourdissant leur fardeau, rendant chaque obstacle plus difficile à surmonter.

Et Si ? Une Vie Volée et Retrouvée

Il m'arrive encore, parfois, de me perdre dans ces "et si"— ces mirages qui hantent l'esprit et n'apportent rien d'autre qu'une amertume stérile. Et si la tragédie de Tchernobyl n'avait pas marqué ma santé avant même ma naissance ? Aurais-je eu la force et l'endurance nécessaires pour m'épanouir dans le sport, peut-être même en faire une carrière ? Et si la Yougoslavie ne s'était pas disloquée, si elle avait survécu sous une autre forme ? Aurais-je eu l'opportunité de suivre un cursus académique digne de ce nom, de devenir cet archéologue, ce chercheur que j'avais rêvé d'être ?

Mais ces questions n'ont pas de réponse. Elles appartiennent à un monde qui n'existe pas.

Il m'arrive d'estimer que j'ai été volé d'une vie plus riche, plus pleine—victime de circonstances que j'ose qualifier d'évitables et non nécessaires. Un potentiel gâché. Mais ce serait mentir que de me croire seul à porter ce poids. Ma génération entière, marquée par Tchernobyl et par la chute d'un pays, partage ce fardeau. Des milliers, des millions d'autres ont vu leur destin s'infléchir sous le poids d'événements qu'ils ne contrôlaient pas.

Cette souffrance partagée n'offre pourtant aucun réconfort. Savoir que d'autres souffrent ne rend pas la douleur plus légère. Ce serait une maigre consolation, presque cruelle, que de tirer un sentiment d'équité de l'injustice collective.

Et il y a ceux pour qui ces tragédies ont, paradoxalement, ouvert des portes. Un dysfonctionnement thyroïdien ayant mené à des examens plus poussés, révélant un cancer à temps pour être traité. Un enfant promis à un avenir sans espoir dans son pays d'origine, sauvé par l'exil et les nouvelles perspectives qu'un ailleurs lui offrait.Ces histoires existent, elles sont réelles.

Mais elles ne m'émeuvent pas. Je ne cherche pas à comparer ma vie à celles des autres. Ni pour me plaindre, ni pour relativiser. Je me concentre sur la mienne, car c'est la seule "main" que je possède.

Alors oui, le monde est injuste. Il l'a toujours été, et il le restera sans doute. Personne n'est responsable de la main qu'il reçoit au départ, tout comme je ne suis pas responsable de celle des autres. Mais si rien ne change, si mon potentiel reste inexploité, alors la responsabilité m'appartiendra. Le monde ne nous doit rien. Mais nous avons le devoir de faire en sorte qu'il nous laisse une place.

Défi 02

Le Miroir des responsabilités

Dans ce deuxième défi, David Goggins nous pousse à affronter sans filtre la personne que nous voyons chaque jour : nous-mêmes. Pas d'excuse, pas de caresse à l'égo, pas de fausse bienveillance. Il faut se regarder en face, avec honnêteté brutale, et appeler les choses par leur nom.

Le principe est simple : un miroir, des Post-its, et la vérité. Y inscrire tout ce qu'on redoute, tout ce qu'on rêve, et surtout, les étapes concrètes pour avancer. Il s'agit ici de se responsabiliser, de transformer ses insécurités en objectifs, et ses rêves en plans d'action. Chaque objectif doit être divisé en petites étapes atteignables. Une fois une étape accomplie, on retire le Post-it, et on passe au suivant. Pas à pas. Jour après jour.

Ce miroir devient alors un outil de progression, un rappel visuel de notre engagement envers nous-mêmes. Ce n'est pas une méthode de motivation, c'est un engagement quotidien avec la vérité.

✍ Exercice proposé : se créer un "Miroir des responsabilités" physique (pas digital), y coller ses objectifs, ses doutes, et ses étapes de progrès. Les enlever au fur et à mesure qu'on avance. Se tenir responsable. Se discipliner. Se construire.

Miroir magique au mur, qui a beauté parfaite et pure ?

Fainéant ! Gros ! Imbécile ! Tu n'es qu'une merde !

Elle serait mieux avec quelqu'un de stable !

Tu n'as rien pour plaire !

Tu n'es qu'un moins que rien !

Imposteur !

Et maintenant, on fait quoi ?

Se tenir devant son miroir, s'avouer ses vérités les plus brutales, puis espérer que tout ira mieux simplement parce qu'on en est conscient ? Non. Je ne suis pas d'accord. Je n'ai pas besoin de fixer mon reflet pour savoir quels sont mes défauts. Je les connais déjà, et je n'ai certainement pas besoin de me les hurler à moi-même.

Les spécialistes en neuropsychologie nous mettent en garde : se parler négativement détruit lentement l'esprit, car le cerveau ne fait pas la distinction entre nos pensées et la réalité. Pour lui, tout est vrai.

Je peux en attester. J'ai testé. J'ai simplement arrêté de me dénigrer. J'ai changé de disque. Au lieu de dire "Je suis gros", je dis "Je dois prendre soin de ma santé".

Au lieu de "Je suis un imbécile", je dis "J'ai encore à apprendre". C'est la même approche que M. Goggins. Juste l'exécution est un peut différente.

Et pour moi, ça fonctionne.

D'autant plus que le "miroir des responsabilités", tel que David Goggins le décrit, s'adresse surtout à ceux qui passent leur vie à se trouver des excuses. Ceux qui ignorent délibérément leurs défauts et les justifient par le destin, les circonstances ou l'injustice du monde.

Prenons l'exemple du surpoids. Un sujet qui me parle, puisque j'ai moi-même perdu 30 kg en quatre mois après un événement déclencheur.

On a tous entendu quelqu'un dire :

"Oui, je suis gros, mais je me sens bien comme ça."

Je vous garantis que c'est un mensonge. Une illusion qu'ils tentent de se vendre à eux-mêmes, et aux autres.

Pourquoi ? Parce qu'une personne en obésité subit un rappel constant de son état.

Chaque matin, avant même d'avoir ouvert les yeux, elle sent déjà le poids peser sur son corps. Elle ne se lève pas, elle se hisse. D'abord, une jambe basculée en avant avec élan, puis une poussée des bras pour se redresser. Une fois assise au bord du lit, les mains fermement posées sur les draps, elle prend un instant pour souffler avant d'envoyer toute sa force dans ses jambes pour se lever. Ses fesses quittent enfin le matelas, mais elle doit encore tendre la main vers un mur, une armoire, ou une canne pour ne pas perdre l'équilibre.

La journée commence comme ça.

Enfiler ses chaussettes devient une épreuve : il faut s'asseoir, rentrer le ventre, lever une jambe, coincer le tissu du bout des doigts et tirer en espérant que l'air ne manque pas. Une fois les deux pieds couverts, elle s'écroule sur le lit, à bout de souffle, le cœur battant.

Et pourtant, malgré tout ça, combien osent affirmer : "Je me sens bien comme je suis."

Je vais être direct : c'est faux.

Ils ne se mentent pas vraiment à eux-mêmes. Au fond, ils savent. Mais la honte les empêche d'admettre la vérité. Honte d'être différents, honte d'être faibles face à leurs propres pulsions, honte de ne pas être capables de reprendre le contrôle.

Et plus la honte s'installe, plus elle nourrit un cercle vicieux. Ceux qui en souffrent se replient sur eux-mêmes. Ils deviennent plus irritables, plus sensibles aux moindres remarques. Pas de manière explosive, mais intérieurement. Ils accumulent frustrations et rancœurs sans jamais vraiment les exprimer. Et plus cette boule d'émotions enfle, plus ils se convainquent qu'ils n'ont pas d'autre choix que d'être comme ils sont.

C'est là que le "Je me sens bien" n'est que la dernière pièce du puzzle qui serre à l'esprit soumis aux pulsations, à endiguer tout velléité de changement.

Cela devient leur ultime rempart. Un dernier mécanisme de défense, une incantation lancée contre la honte, contre les jugements des autres… mais surtout contre eux-mêmes.

Ce schéma ne s'applique pas qu'à l'obésité. Celui qui se persuade qu'il est nul, le fait par peur d'essayer. Celui qui s'insulte lui-même le fait pour éviter d'avoir à affronter le regard des autres. Il est plus facile d'abandonner que de se battre.

Il y a une phrase que j'avais lue il y a longtemps dans un manga, Kenshin le vagabond :

"Celui qui se bat peut perdre, mais celui qui abandonne sans se battre a déjà perdu."

On continue où on change ?

Je vais me permettre une interprétation personnelle du Miroir des responsabilités, tel que proposé dans le deuxième défi. Pour moi, il ne s'agit pas simplement de se confronter à ses défauts, mais d'accepter et de reconnaître pleinement qui l'on est, dans l'instant précis où l'on se regarde en face. À partir de cette lucidité, il devient possible d'établir les étapes nécessaires pour aller là où l'on souhaite vraiment être.

Il y a quelques années, après une période difficile dans ma relation avec ma femme, nous avons mis en place un rituel. Une manière simple mais puissante d'analyser notre vie et d'en tirer les conclusions nécessaires : devons-nous continuer ainsi, ou faut-il changer ?

Tous les six mois, ou simplement quand nous le sentons nécessaire, nous nous asseyons face à face, nous nous regardons droit dans les yeux, et nous posons cette question : "On continue ou on change ?"

C'est alors que la discussion commence. Sans faux-semblants, sans détours. Nous parlons des belles choses que nous vivons, mais aussi de celles qui nous pèsent. Ce que nous voulons préserver et ce que nous devons modifier.

Mais attention ! Cet exercice n'est pas sans risques. Il peut être brutal. Entendre les attentes de l'autre, reconnaître ses propres fautes, admettre que l'on a pu blesser ou décevoir… Ce n'est pas facile. Il faut être prêt à recevoir la vérité, à la regarder en face sans chercher d'excuses. Mais l'expérience nous a prouvé, à ma compagne et moi, que ce rituel était bénéfique. Il nous a souvent permis de réaliser que nous avions dévié de notre trajectoire et nous a offert l'opportunité précieuse de nous recentrer. Plus encore, il nous a rapprochés. Car en prenant ensemble les commandes de notre train de vie, nous avons toujours su renforcer notre lien.

Si je transpose cette méthode au Miroir des responsabilités, le principe reste le même. Mais cette fois, l'exercice est intime. Face à soi-même, sans échappatoire. Il suffit de se placer devant le miroir, d'observer son reflet avec honnêteté, et de se poser la question : "Alors, je continue… ou je change ?"

Mon miroir des buts à atteindre :

J'ai beau proposer une interprétation personnelle du Miroir des responsabilités, il est une idée, pourtant toute simple, qui me séduit profondément : écrire ses objectifs sur son miroir, les affronter chaque jour, puis les effacer un à un, une fois atteints, jusqu'à enfin révéler la personne que l'on voulait devenir.

C'est une approche qui me parle, une sorte de contrat silencieux avec moi-même.

Alors, pourquoi me retenir ?

Voici mon propre miroir des responsabilités.

Perdre du Poids :

☒ Perdre 01kg

☒ Perdre 02kg

☐ Perdre 04kg

☐ Perdre 08kg

☐ Perdre 16kg

☐ Perdre 32kg

Travaux :

☐ Monter le mur

☐ Scier le bois

☐ Enlever le talus

☒ Monter les étagères

☒ Elaguer les arbres

☒ Tailler la haie

Voyager :

☐ Japon

☒ Portugal

☐ Espagne

☒ France

☒ Italie

Ecrire un livre

☒ Ecrire 10 pages

☒ Ecrire 20 pages

☒ Ecrire 40 pages

☒ Ecrire 80 pages

☐ Ecrire 120 pages

Tournage vidéo

☒ Tourner vidéo PC

☐ T.V. Murs à outils

☐ T.V. Visseuse Bosch

Créer un livret de courses

☐ Créer les pages

Apprendre des langues

☐ Japonais

☐ Portugais

☐ Russe

☐ Espagnole

☐ Arabe

☐ Italien

Défi 03

Sortir de ça zone de confort

Ce troisième défi est une déclaration de guerre à la facilité. Goggins nous pousse à sortir volontairement de notre zone de confort, chaque jour, pour entraîner notre esprit à résister, à persévérer, à se durcir. L'idée n'est pas de réaliser un exploit héroïque du jour au lendemain, mais d'apprendre à faire des choses difficiles, même petites, mais tous les jours.

L'exercice consiste à dresser la liste de tout ce qui vous met mal à l'aise — surtout les choses dont vous savez qu'elles vous feraient du bien. Puis, affrontez-en une. Et recommencez. Régulièrement. Cela peut être aussi banal que faire son lit, se lever plus tôt, laver la vaisselle ou courir quelques kilomètres sous la pluie.

Le principe est simple : faire des choses qui vous déplaisent jusqu'à ce qu'elles ne vous déplaisent plus. Une fois qu'une tâche devient supportable, poussez plus loin. Augmentez la difficulté. Ne cherchez pas à changer toute votre vie d'un coup — changez-la un inconfort à la fois.

✎ Exercice proposé : noter chaque inconfort sur un carnet, les affronter un par un, et les transformer en rituels. Avec le temps, cette pratique forgera ce que Goggins appelle une "mentalité calleuse", une force intérieure qui se construit dans le frottement quotidien avec ce que l'on fuit d'habitude.

Choses que je déteste faire et qui me blessent

Je ne vais pas vous imposer une énième liste froide et impersonnelle, semblable à un banal inventaire de courses. Ce serait trahir l'esprit même de ce que je souhaite partager. Au lieu de cela, laissez-moi vous inviter à une réflexion plus profonde, à une exploration de ce qui se cache derrière ces petites tâches que je déteste, celles qui, malgré leur banalité apparente, révèlent beaucoup sur moi. Car dans ces gestes simples que je rejette, il y a une logique, un refus d'accepter les choses comme elles sont sans d'abord questionner leur sens.

Commençons par une tâche universelle, presque banale : faire son lit. Rien qu'à prononcer ces mots, j'imagine déjà les regards désapprobateurs, les sourcils levés et les soupirs exaspérés. Pourtant, laissez-moi être honnête : je trouve cela inutile. Non, pire : je trouve cela contre-productif.

Si vous tapez "pourquoi faire son lit" dans n'importe quel moteur de recherche, une avalanche de réponses vous submergera. Pages après pages, vous trouverez des arguments censés vanter les mérites de ce rituel quotidien. On vous parlera de discipline, de première tâche accomplie, d'un "antistress par défaut", ou encore de cet étrange concept du "refuge de confort" souvent brandie par des adeptes d'ésotérisme pour gonfler les soi-disant bienfaits de ce geste, comme s'il s'agissait d'une vérité immuable. Certains vont même jusqu'à prétendre que cela améliorerait votre humeur, stimulerait votre énergie, voire augmenterait votre productivité pour la journée.

Mais permettez-moi d'endosser le rôle de l'avocat du diable et de remettre tout cela en question. Ces sites, presque toujours destinés à un public féminin, regorgent de déclarations affirmant que faire son lit est une évidence, soutenues par des experts autoproclamés, souvent financés par de grandes enseignes de literie. Une équipe de spécialistes bien installée pour vous convaincre que ne pas faire son lit fait de vous un être grossier, une anomalie dans un monde qui valorise l'ordre parfait.

Mais moi, je me positionne à contre-courant. Pourquoi ? Pas parce que je souffre d'une quelconque aversion pour les tâches simples, mais parce que je ne vois aucun sens à cette habitude. Je vais vous expliquer pourquoi.

Le Lit Non Fait : Une Perspective Logique

Il est bien connu que, pendant le sommeil, nous transpirons pour réguler notre température. Chaque nuit, nous laissons derrière nous des traces de sueur, des fragments de peau, et autres résidus organiques qui imprègnent nos draps et notre matelas. C'est un fait, et ce n'est pas nouveau. Mais saviez-vous que votre lit est aussi un écosystème vivant ? Une colonie de minuscules acariens se nourrit de ces débris humains, trouvant dans votre matelas un foyer confortable.

Et qu'aiment-ils, ces acariens ? Les endroits chauds et sombres. Maintenant, réfléchissons : chaque matin, au moment où votre lit est encore chaud et humide de votre sommeil, si vous le couvrez soigneusement avec une couverture, vous créez une incubatrice parfaite. Vous favorisez la prolifération de ces petites créatures à une vitesse exponentielle.

En revanche, laisser votre lit non fait, exposer vos draps à l'air libre, permet de ventiler et d'assécher les surfaces. Cela ralentit la multiplication des acariens et maintient vos draps plus frais, plus propres, et en meilleur état. Moins

d'acariens. Moins de lavage. Moins de renouvellement de
literie. Si j'étais un vendeur de draps, bien sûr, je vous
inciterais à faire votre lit religieusement. Mais moi ? Je
préfère la logique au marketing.

Mais Pourquoi les Armées Forcent-elles Cela ?

Vous pourriez légitimement me demander : "Alors pourquoi
toutes les armées du monde obligent-elles leurs soldats à
faire leur lit chaque matin ? N'y a-t-il pas une raison derrière
cela ?" Oui, bien sûr. Mais cette raison n'a rien à voir avec
l'hygiène ou le bien-être. Il s'agit de discipline et
d'organisation, des piliers fondamentaux pour toute
institution militaire. Faire son lit dans ce contexte, c'est un
exercice de subordination et de rigueur, une manière de
s'aligner sur des protocoles stricts, et non une quête de
confort ou d'énergie positive.

Mais moi, je ne suis pas soldat. Je ne suis pas non plus un
adepte des injonctions sociales dénuées de logique. Alors
non, je ne fais pas mon lit. Pas par paresse. Pas par
rébellion. Simplement parce que je trouve cela inutile, voire
nuisible.

Le Poids des Tâches Inutiles

Et dans cette même catégorie de gestes inutiles, il y en a
d'autres que je déteste. Pas ceux qui sont désagréables mais
nécessaires, comme faire la vaisselle ou laver le linge. Non,
je parle de ces actions que je perçois comme superflues,
dénuées de réelle utilité ou de logique.

Rincer la vaisselle avant de la mettre au lave-vaisselle. Un gaspillage d'eau flagrant, d'autant plus absurde que ces machines sont conçues pour nettoyer la vaisselle encrassée. Pourquoi doubler le travail ? Remplir le réservoir d'essence bien avant qu'il ne soit vide. Le voyant de réserve existe pour une raison, et il s'allume bien avant qu'il y ait un réel risque de panne. Pourquoi donc s'affoler à la moindre baisse du niveau ? Et que dire du repassage à outrance ? Étendre ses vêtements sur un cintre juste après le lavage suffit déjà largement à éviter les plis. Repasser un t-shirt que l'on portera sous un pull, c'est, à mes yeux, l'incarnation même du temps perdu et de l'inefficacité.

Faire son lit n'est qu'un exemple parmi d'autres. Mais il représente cette tension permanente entre ce que l'on nous dit de faire, ce que l'on nous impose comme étant "la bonne chose", et ce que notre propre logique nous pousse à rejeter. Pourquoi devrais-je me plier à des habitudes qui n'ont, à mes yeux, ni utilité ni impact réel, simplement parce qu'elles sont dictées par une norme silencieuse ? Si quelque chose n'apporte aucun bénéfice tangible dans mon quotidien, pourquoi y investir temps et énergie ?

Un Regard sur Ma Réflexion

Je sais que ce raisonnement peut paraître égoïste. Peut-être l'est-il, dans une certaine mesure. Mais je vous invite à un instant de réflexion, à laisser de côté vos propres émotions, vos propres habitudes, et à vous glisser dans mon esprit juste pour un court moment. Comprendre ma démarche, ce n'est pas l'approuver ou la partager. C'est simplement entrevoir une autre manière de penser, un autre prisme à travers lequel regarder ces petites routines quotidiennes que l'on prend pour acquises.

Peut-être qu'à la fin, vous serez d'accord avec moi. Peut-être que non. Peu importe. Ce qui compte, c'est d'avoir questionné, d'avoir laissé la place au doute, et de ne plus accepter les choses simplement parce qu'elles "doivent être faites".

Le Conflit entre Habitudes et Raison

Je ne suis pas ici pour convaincre, ni pour défier vos routines personnelles. Mais la prochaine fois que vous ferez votre lit, que ce soit par discipline, par esthétique ou par simple habitude, posez-vous une question : *"Pourquoi ?"*

À mon sens, le défi n°3 lancé par M. Goggins ne se résume pas uniquement à cette action symbolique. Certes, il nous encourage à accomplir quelque chose de "désagréable", un effort que nous préférerions éviter. Mais réduire cet exercice à un simple entraînement de discipline serait, à mon avis, une vision incomplète.

Je le formulerais autrement : " Fais quelque chose d'inconfortable pour devenir plus à l'aise avec le fait d'accomplir des tâches inconfortables. »

L'idée n'est pas tant de se contraindre à un rituel vide de sens, mais plutôt de s'exposer régulièrement à des désagréments contrôlés afin de mieux apprivoiser l'inconfort. Il s'agit d'un entraînement quotidien, un moyen de conditionner notre corps et notre esprit à surmonter ces petites résistances qui, autrement, nous paralyseraient. Chaque victoire sur l'inconfort est une défaite infligée à notre "Cochon-chien"[1] intérieur, ce parasite qui se nourrit de nos excuses et de notre inertie.

Je me permets un exemple.

Après une journée de travail ou de cours, vous rentrez à la maison, fatigué. Et là, c'est le chaos. Les poubelles débordent. La vaisselle s'accumule dans l'évier. Le linge propre traîne en tas sur le lit. Partout où vous posez les yeux, il y a quelque chose à faire : remplacer les piles de cette montre arrêtée à 13h08 depuis deux semaines, ouvrir ce courrier que vous évitez et régler enfin les factures. Tout crie : « Bouge-toi ! »

Et pourtant… votre premier réflexe, c'est de réchauffer le reste du plat d'hier, de vous affaler devant la télé, et de lancer un énième épisode de *Friends*, jusqu'à ce que même dix chevaux ne puissent plus vous tirer du canapé.

Ce comportement, ce n'est pas de la fainéantise. Ce n'est pas un manque de volonté. C'est le confort. Ou plutôt, c'est la fuite de l'inconfort. Ce petit inconfort provoqué par les tâches du quotidien, ces micro-frictions qui nous pèsent plus qu'on ne l'admet.

Et c'est là que les propos de M. Goggins résonnent avec force : faire chaque jour quelque chose d'inconfortable, non pas pour souffrir gratuitement, mais pour s'entraîner. Pour s'habituer à dompter ces résistances minuscules, qui mises bout à bout, nous immobilisent.

---

[1] Le terme "Cochon-chien" sera expliqué plus en détail dans le défi n°7, plus loin dans le livre.

C'est un entraînement au quotidien. Apprendre à supporter un peu d'inconfort pour gagner, au final, un vrai confort : celui d'une vie ordonnée, alignée, et sous contrôle.

Défi 04 :

Prendre des âmes

Ce défi porte un nom brutal : "Take their soul" — Prends leur âme.

Non, il ne s'agit pas d'humilier quelqu'un ou de se venger. Il s'agit de répondre à l'adversité par l'excellence. Quelle que soit la personne qui vous sous-estime — un professeur, un coach, un patron, un collègue, un adversaire — Goggins vous invite à ne pas riposter avec des mots, mais avec un niveau d'effort et de performance si élevé qu'il renverse complètement la dynamique.

C'est une stratégie simple : faire taire les critiques en étant irréprochable, en allant au-delà de ce qui est attendu, jusqu'à forcer le respect, même de vos détracteurs. Cela signifie travailler plus dur, plus longtemps, plus intelligemment. Être là en avance. Partir après tout le monde. Surpasser les attentes. Créer une telle surprise, une telle claque mentale, que même vos ennemis seront obligés de vous admirer — ou du moins, de se taire.

📌 Ce défi demande de choisir une situation de compétition dans votre vie actuelle, et de vous engager à dominer ce terrain par le travail, la rigueur et l'excellence. Vous ne pouvez pas toujours contrôler ce que les gens pensent de vous — mais vous pouvez les forcer à ouvrir les yeux.

C'est ça, "prendre une âme" : leur montrer, sans un mot, ce qu'ils n'ont jamais vu venir.

Le seul adversaire que je combatte aujourd'hui, c'est moi-même.

Nous sommes invités à examiner notre situation actuelle, à identifier les obstacles qui entravent notre progression et à envisager la meilleure manière de les surmonter. Le concept de "prendre des âmes" n'a rien de brutal ni de destructeur. Il ne s'agit ni d'écraser ni de dominer qui que ce soit, mais plutôt de s'imposer par la force de la volonté et le dépassement de soi. Une approche qui, d'une certaine manière, fait écho à la lecture qu'Albert Camus propose du mythe de Sisyphe : avancer malgré l'absurde, persévérer face à l'effort sans fin, et transformer cette absurdité même en une forme de victoire intérieure. Il ne s'agit pas de donner un sens à la douleur, mais de refuser de fléchir face à l'absurde, et de continuer à avancer — non pour vaincre, mais simplement pour rester debout.

La technique consiste à ôter tout pouvoir à ceux qui cherchent à vous écraser, en exécutant vos tâches avec une telle intensité et une telle excellence que leur mépris se transforme en respect. Vous devenez, par la force de votre discipline, une figure que même vos adversaires doivent reconnaître. "Prendre une âme", c'est faire plier votre persécuteur sous le poids de votre réussite.

Prendre une âme prend tout son sens dans le regard de l'empereur Commode, dans le film Gladiator, au moment où Maximus, que l'on croyait mort, se relève lentement dans l'arène, retire son casque… et révèle son identité. La foule retient son souffle. Commode blêmit. Et Maximus déclare, d'une voix glaciale mais ferme :

« Je m'appelle Maximus Decimus Meridius, commandant des armées du Nord, général des légions Félix, serviteur loyal du véritable empereur Marc Aurèle. Père d'un fils

*assassiné, époux d'une femme assassinée. Et j'aurai ma
vengeance, dans cette vie ou dans l'autre. »*

Ce n'est pas une menace. Ce n'est pas une bravade. C'est
une vérité nue, lancée comme un glaive. Ce que Commode
voit à cet instant, ce n'est pas un homme : c'est un fantôme
revenu du néant, l'incarnation vivante de sa propre
déchéance. Ce jour-là, Maximus ne tue personne. Il n'a pas
besoin de frapper. Il brise l'âme de son ennemi par sa seule
présence, par sa résilience, par sa vérité.

C'est ma scène préférée de tous les temps. Elle incarne,
mieux que toutes les phrases du monde, ce que veut dire : ne
pas plier. Se relever. Et, rien que par ce geste, faire
chanceler ceux qui pensaient vous avoir enterré.

Une Leçon de Vie

Il y a dans cette méthode une vérité que j'ai découverte à
travers mes propres expériences. Je ne dis pas que ce fut
facile, mais j'en ai tiré une leçon durable. Parmi tous les
exemples de ma vie, un événement particulier illustre cette
philosophie mieux que tout autre.

Depuis mon plus jeune âge, j'ai cherché, presque
désespérément, l'approbation de mon père. Ce n'était pas
une quête banale ; c'était une obsession silencieuse, un
besoin viscéral de gagner son respect, de voir dans ses yeux
cette lueur de fierté qui donnerait enfin un sens à mes
efforts.

C'est au cours de mon apprentissage professionnel que cette
obsession prit une forme concrète. Un jour, un enseignant
particulièrement dévoué nous sermonna sur nos résultats.

Avec une passion indéniable, il conclut en disant que si nous travaillions dur, nous pourrions un jour prétendre à une place comme la sienne : devenir enseignant, ou plus précisément Maître d'enseignement technique, ce titre prestigieux réservé aux enseignants de lycée dans les métiers de l'artisanat.

Ces mots résonnèrent en moi comme une révélation. Ce fut à cet instant que je me fixai un but clair : devenir enseignant.

Quand les gens me demandaient ce que je voulais faire de ma vie, je leur répondais avec une précision presque mécanique : je décrivais les étapes nécessaires, les diplômes à obtenir, les concours à réussir. Mais chaque fois, leur réaction était la même : des sourires amusés, des regards sceptiques, et parfois des railleries ouvertes. Un enfant de 15 ans, à peine engagé dans sa première année d'apprentissage pour devenir électricien, osait prétendre à un tel avenir ? L'idée semblait absurde, presque enfantine.

Même ma propre famille ne me prenait pas au sérieux. Mon frère, mes oncles, et bien d'autres se moquaient de mes ambitions. Je ne leur en veux pas. Avec le recul, je comprends leur scepticisme. Les démarches pour atteindre un tel poste étaient complexes, les obstacles nombreux. Pour eux, ce rêve n'était qu'une chimère, une folie passagère.

Le Combustible des Railleries

Mais ce mépris devint ma motivation. Chaque moquerie, chaque regard condescendant nourrissait ma détermination. Une seule personne me prit au sérieux : un oncle. Il était venu en visite avec sa famille. Étant donné que notre famille est répartie un peu partout dans le monde, nous ne nous voyons qu'à de très rares occasions. C'était de coutume que les anciens viennent s'informer des parcours des plus jeunes, avec les habituelles questions : « Comment va le sport ? Comment se passe ton apprentissage à l'école ? », etc. Après lui avoir exposé mon projet, il m'écouta attentivement et me dit simplement : « Tu sais quel chemin prendre, alors vas-y. » Il ne m'en fallait pas plus. Ces mots, bien que rares, furent un soutien inestimable.

Pendant des années, j'ai poursuivi mon objectif avec acharnement. J'ai dû faire de nombreux sacrifices, mais je n'ai jamais fléchi. Après trois ans d'apprentissage, je me suis inscrit à des cours du soir pour obtenir mon brevet de maîtrise. Cela signifiait que, deux fois par semaine en soirée et chaque dimanche, je devais suivre des cours après ma journée de travail. Ces formations étaient obligatoires pour décrocher le précieux sésame. Certes, certaines dispenses existaient, mais je ne remplissais aucune des conditions requises pour en bénéficier. Il me fallait donc suivre l'intégralité du parcours.

Pendant trois ans, j'ai assisté à ces cours avec plus ou moins d'assiduité. Tandis que mes amis sortaient en discothèque le samedi soir, faisant la fête jusque tard dans la nuit, moi, je me couchais tôt, conscient qu'un banc d'école m'attendait le lendemain matin.

En parallèle, dans l'entreprise où je travaillais à l'époque, je ne rechignais devant aucune tâche. J'effectuais mon travail et même un peu plus lorsque cela s'avérait nécessaire. Si des heures supplémentaires étaient demandées, je m'efforçais d'être toujours volontaire. Non seulement cela améliorait mon salaire, mais cela me permettait aussi d'apprendre davantage. Cet investissement porta ses fruits, puisque je décrochai une promotion qui allait m'aider à atteindre mon but ultime.

Puis, quand le moment fut venu, lorsque j'avais accumulé le savoir et l'expérience nécessaires, je me suis inscrit au concours national. Après toutes ses années d'efforts, je réussis à me classer premier au concours d'admission pour le poste de Maître d'enseignement technique, cette année-là. Ce fut un instant de triomphe.

Le jour où j'annonçai mon admission, je récoltai une moisson d'âmes. Les regards incrédules, les sourires forcés, la gêne palpable de ceux qui m'avaient sous-estimé... Tout cela fut ma victoire. Mais au-delà de ces petites revanches, il y eut une récompense bien plus précieuse : pour la première fois, je vis la fierté dans les yeux de mon père.

L'Éjection du Ciel

Mais cette euphorie fut de courte durée. Après quatre années passées dans ce poste, je dus y renoncer.

Je suis le seul responsable de cet échec. Une série de situations personnelles et un comportement inadéquat m'ont conduit à quitter cet emploi. J'avais atteint le sommet de ma montagne, seulement pour glisser et en redescendre, plus vite que je ne l'aurais cru.

La déception de mon père fut immense. Pourtant, il ne m'en fit jamais le reproche. Ni lui ni ma mère. Bien au contraire : ils m'aidèrent à surmonter cette période noire, me soutenant avec une patience et une bienveillance que je ne pourrais jamais oublier. Je leur en serai éternellement reconnaissant.

Mais quelque chose avait changé. La fierté de mon père s'était dissipée. Et à travers cette expérience, j'avais, moi aussi, changé. J'avais appris à m'émanciper de ce besoin de reconnaissance. Je ne cherchais plus son approbation.

Le Combat Intérieur

C'est là que réside la véritable leçon : la technique de "prendre des âmes" peut vous aider à surmonter les obstacles extérieurs, à prouver votre valeur à ceux qui vous sous-estiment. Mais qu'en est-il lorsque l'obstacle, le persécuteur, n'est autre que vous-même ?

Aujourd'hui, je n'ai pas d'ennemis. Du moins, pas dans le sens traditionnel. Je suis conscient qu'il peut exister des gens qui me considèrent comme leur adversaire. Peut-être à cause de mes opinions franches, de mon habitude à dire les choses sans détour. Mais moi, je ne vois personne comme mon ennemi.

Le vrai défi, c'est moi-même. Je suis mon propre obstacle. Je suis celui qui me retient, qui met des bâtons dans mes roues. Alors, la question devient : comment prendre ma propre âme ?

Une Conquête Éternelle

Prendre des âmes n'est pas un acte de vengeance. Ce n'est pas un moyen de dominer les autres. C'est une méthode pour dépasser les attentes, pour transformer le mépris en respect, et pour avancer malgré les doutes. Mais c'est aussi, et surtout, une quête intérieure, un chemin vers la maîtrise de soi.

Car au fond, le seul combat qui importe vraiment, c'est celui que l'on mène contre soi-même.

54

Défi 05 :
Visualiser

Ce cinquième défi introduit une pratique redoutablement puissante : la visualisation.

La majorité d'entre nous produit entre 2 000 et 3 000 pensées par heure. La plupart sont floues, inutiles, ou tournées vers des choses qu'on ne peut pas contrôler. Goggins propose ici une alternative simple mais exigeante : canaliser ces pensées vers un objectif, et surtout, vers la manière de l'atteindre.

Ce défi t'invite à choisir un objectif ou un obstacle actuel, et à prendre le temps de visualiser chaque étape pour le surmonter. Il ne s'agit pas de s'imaginer sur un podium en train de lever les bras — il s'agit d'anticiper les difficultés, les douleurs, les moments de doute, et de t'entraîner mentalement à les traverser avant qu'ils n'arrivent.

Visualiser le succès et la souffrance.

Créer un plan mental pour affronter ce qui te fera douter.

Savoir ce qui t'alimente intérieurement : d'où vient ta rage, ton "obscurité", ce feu que tu transformes en carburant.

C'est aussi une occasion de répondre aux questions fondamentales :

Pourquoi fais-tu ça ?

Qu'est-ce qui te pousse vraiment ?

Quel est le moteur de ta discipline ?

⚠ *Mais Goggins est clair : visualiser ne remplace pas le travail. Tu ne peux pas rêver un effort que tu ne fournis pas. Cette stratégie mentale ne fonctionne que si elle s'appuie sur un quotidien de rigueur, de souffrance volontaire, de travail réel.*

📌 *Ce défi est l'occasion d'apprendre à préparer ton esprit comme tu prépares ton corps. Et même si tu n'arrives pas en tête, ce n'est pas grave. La victoire, c'est parfois simplement de dépasser la version passée de toi-même.*

Comment Visualiser l'absence de mal-être ?

Je vais tenter de vous donner un outil pour visualiser. Dans une de ses interventions, Brian Tracy, expert en développement personnel et en gestion du temps, expose une méthode simple, presque mécanique, pour prendre le contrôle de sa vie.

"Désormais, chaque fois que vous intégrez une nouvelle personne, faites-la passer par cet exercice. Si elle refuse de le faire, ne perdez pas une minute de votre temps avec elle, car elle ne réussira jamais si elle ne suit pas vos conseils. Voici l'exercice : prenez une feuille de papier vierge et écrivez vos objectifs dans l'état actuel des choses. Ensuite, notez 10 objectifs que vous aimeriez atteindre dans les 12 prochains mois, en les écrivant au présent. Par exemple : 'Je gagne...', 'J'accomplis...', 'Je pèse...', 'Je conduis telle voiture...', 'Je possède...'.

Puis, prenez cette liste et posez-vous cette question : 'Si j'avais une baguette magique et que je pouvais réaliser l'un de ces objectifs en 24 heures, lequel aurait l'impact positif le plus important sur ma vie ?' En général, cet objectif vous sautera aux yeux. Entourez-le. Transférez-le sur une feuille propre et suivez les sept étapes : écrivez-le, fixez une échéance, dressez une liste de tout ce que vous devez accomplir, organisez cette liste en checklist, passez à l'action et faites quelque chose chaque jour pour progresser. Si vous faites cela, rien ne pourra vous arrêter à part vous-même."

Cette approche est à la fois puissante et dérangeante. Elle nous force à faire face à nos propres contradictions, à voir, noir sur blanc, ce que nous voulons réellement.

Mais plutôt que d'appliquer cet exercice aux autres, pourquoi ne pas commencer par nous-mêmes ? Après tout, exiger de quelqu'un ce que l'on n'est pas capable de fournir soi-même relève de l'hypocrisie.

Alors, allons-y. Sans excuses.

L'État Actuel des Choses

Avant toute chose, il faut coucher sur le papier une vérité brute : où en suis-je aujourd'hui ?

Voici mes réalités et buts actuelles, aussi imparfaites soient-ils :

- Perdre du poids.
- Créer une chaîne YouTube à succès.
- Me lancer dans le stand-up.

- Écrire un bestseller.
- Réaliser quelque chose qui me dépasse et dont je pourrais être fier sur mon lit de mort.

Ensuite, passons à l'étape suivante : noter 10 objectifs à atteindre dans les 12 prochains mois, et les écrire au présent, comme s'ils étaient déjà accomplis.

1. Je pratique du sport régulièrement.
2. Je prends mes traitements médicamenteux tous les jours et soigne mon psoriasis.
3. J'écris mon premier livre.
4. J'enregistre une vidéo YouTube toutes les deux semaines.
5. J'achète une nouvelle voiture pour ma femme.
6. J'épouse ma femme.
7. Je lis une page du Coran chaque jour.
8. J'apprends une nouvelle langue.
9. Je travaille sur les rénovations et l'entretien de ma maison trois fois par semaine.
10. J'appelle mes parents une fois par semaine.

Maintenant, vient l'étape cruciale.

L'Expérience de la Baguette Magique

On nous invite ici à réfléchir différemment.

Il ne s'agit pas simplement de choisir un objectif qui nous tient à cœur. Non. Il s'agit d'identifier celui qui aurait le plus grand impact positif sur notre vie.

Celui qui, une fois accompli, agirait comme un effet domino, modifiant toute notre trajectoire.

Mon choix est évident : Je pratique du sport régulièrement.

Pourquoi Cet Objectif ?

Avant d'aller plus loin, une explication s'impose.

Je vous ai déjà mentionné certains de mes problèmes de santé. Ces dernières années, ma vie a été marquée par une dégringolade médicale.

J'ai glissé d'un état où j'étais en pleine forme, à une existence où les consultations médicales sont devenues une routine. En l'espace de deux ans, mon corps s'est transformé en terrain d'examens et de diagnostics. Un proche, avec une pointe d'humour noir, a même comparé ma santé à un chantier en rénovation.

Le plus troublant dans cette chute, ce n'est pas seulement sa brutalité apparente, mais le fait qu'elle était prévisible.

J'aurais dû le voir venir. Nous attendons souvent d'être au pied du mur pour nous inquiéter de notre santé. Et dans ce domaine, j'ai brillamment échoué.

Je me suis laissé porter par le confort moderne. J'ai plongé dans les plaisirs immédiats : nourriture, distractions, immobilité. Et mon corps, à force d'être ignoré, a fini par rendre des comptes.

Chaque médecin que j'ai consulté a été catégorique : La clé c'est le sport. Il est la solution à mes douleurs, à mes problèmes de dos, à mes crises de psoriasis, à mes migraines et à cette sensation constante d'être épuisé.

Le sport est ma seule porte de sortie.

Les Sept Étapes de Brian Tracy

Maintenant, passons à la phase d'exécution.

1. Écrire l'objectif

✓ Je pratique du sport.

2. Fixer une échéance

✓ Je pratique du sport trois fois par semaine, au minimum une heure, pendant un an.

3. Dresser une liste de tout ce que je dois faire pour y arriver

- Préparer mon équipement de sport.
- Me discipliner à respecter ce rituel.
- Déterminer des créneaux horaires fixes.
- Définir les jours d'entraînement.
- Choisir une activité adaptée à mes besoins de santé.

4. Organiser cette liste en checklist

☐ Préparer mon équipement sportif.
☐ Définir les jours de la semaine dédiés au sport.
☐ Établir un créneau horaire précis.
☐ Choisir un sport adapté à mes objectifs.

5. Passer à l'action

La première fois que j'ai rédigé ce paragraphe, j'avais simplement écrit : « Aucune explication nécessaire. » Mais après avoir fait relire le texte à l'un de mes plus proches amis — un frère de cœur — il m'a suggéré d'aller plus loin. D'essayer, au moins, de mettre des mots sur ce passage à l'acte.

Car oui, il est difficile de décrire le moment précis où l'on bascule de l'intention à l'action. Je pourrais simplement me réfugier derrière un slogan bien connu d'une marque mondiale de vêtements de sport, et laisser au lecteur le soin de deviner. Mais ce serait trop facile.

Alors j'ai creusé. J'ai réfléchi. Et voici ce que j'en retiens : *Force-toi à faire les choses nécessaires, surtout celles qui te font avancer, même quand tu les détestes.*

Ou, pour citer Mike Tyson : « La discipline, c'est faire ce que tu détestes… mais le faire comme si tu aimais ça. »

Ce n'est pas une vérité universelle. Ce n'est peut-être même pas une bonne méthode pour tout le monde. Mais pour moi, aujourd'hui, c'est celle qui m'a le plus souvent permis d'agir. De faire. D'avancer.

6. Faire quelque chose chaque jour

En dehors des jours d'entraînement, je m'engage à marcher une heure par jour pour garder le rythme. Je planifie aussi du repos actif pour éviter les blessures et permettre à mon corps de se régénérer.

C'est l'étape la plus délicate. Se lancer, c'est simple. Le vrai défi, c'est tenir. Surtout lorsque la fatigue s'installe, que le stress quotidien reprend ses droits et que la motivation s'effrite. Cependant la vérité est brutale, nous sommes les seuls responsables de nos succès. Nous sommes aussi les seuls responsables de nos échecs.

Les excuses existent en abondance. Elles sont séduisantes, réconfortantes. Mais elles sont aussi les chaînes qui nous maintiennent dans l'immobilisme.

Si nous échouons, nous n'aurons personne d'autre à blâmer que nous-mêmes.

La Question Ultime

Visualiser, c'est plus qu'un exercice. C'est un engagement envers soi-même. Alors, la seule question qui reste est la suivante : Que faites-vous, aujourd'hui, pour avancer vers votre propre objectif ?

Défi 06 :

La Boîte à Biscuits

Ce sixième défi introduit l'un des concepts les plus puissants du livre : le "Cookie Jar", ou la boîte à biscuits.

Il s'agit d'un réservoir intérieur de victoires passées — petites ou grandes, peu importe. C'est là que tu puises ta force lorsque tout devient trop dur, trop lourd, trop douloureux.

⬜ Pour commencer, ouvre ton journal et dresse une liste complète :

- *✅ Tes réussites, grandes et petites (examens, compétitions, objectifs pro…)*

- *🪨 Tes luttes personnelles surmontées (arrêter de fumer, combattre l'anxiété, reprendre confiance…)*

- *🔁 Tes échecs surmontés à force de persévérance (ce que tu as raté une fois… deux fois… et finalement réussi)*

Chaque "biscuit" est un rappel de ta résilience, un trophée discret mais puissant.

L'objectif est simple : quand ça devient difficile — pendant un entraînement, un défi intellectuel ou émotionnel — replonge dans cette boîte mentale, et sers-toi d'un souvenir pour raviver la flamme. Ce n'est pas pour flatter ton ego, mais pour activer une preuve concrète que tu as déjà triomphé de l'impossible.

Exemple :

- *Tu es en plein effort, tu veux abandonner.*

- *Tu repenses au jour où tu as vaincu un obstacle monumental.*

- *Tu te reconnectes à cette version de toi qui n'a pas lâché.*

- *Et tu continues.*

Ce défi est une arme mentale. Il t'apprend à contrôler tes pensées au lieu de les subir. Il transforme ton passé en énergie brute.

Ce n'est pas un "hooray for me", c'est :
"Je l'ai déjà fait. Je peux recommencer. Maintenant."

Succès ? Quel succès ?

On nous demande ici de dresser une liste de nos succès passés. Très bien. Commençons.

- Obtention de mon CATP d'électricien (Certificat d'Aptitude Pratique et Technique).

- Deuxième prix national d'apprentissage.

- Obtention du Brevet de Maîtrise.

- Premier au concours de recrutement pour devenir enseignant-stagiaire dans ma spécialisation professionnelle.

- Perte de 30 kg en six mois

- Obtention des diplômes pour exercer en tant qu'agent immobilier, promoteur et syndic de copropriété.

- Récompensé par le trophée du meilleur gardien de but lors d'un tournoi U15

Voilà, la liste est faite. Et maintenant ?

Sommes-nous censés puiser, dans cette simple énumération, la force nécessaire pour traverser n'importe quelle tempête ? Suffirait-il de se remémorer ces instants de réussite pour voir notre motivation ressurgir comme par magie ?

Permettez-moi d'émettre une nuance.

Oui… mais pas à partir de cette liste.

Nous avons tous des succès, mais ce ne sont pas les réussites elles-mêmes qui importent. Ce qui compte, c'est la manière dont nous les avons obtenues. Ce ne sont pas les diplômes accrochés au mur, mais les épreuves traversées pour les obtenir qui forgent notre force intérieure.

Prenons un exemple.

Obtenir mon CATP ne m'a procuré aucune émotion particulière. Ce n'était pas une surprise. Je savais que j'allais réussir bien avant l'examen final. Quant au deuxième prix national d'apprentissage, je ne savais même pas qu'un tel prix existait jusqu'au jour où l'on m'a annoncé que je l'avais obtenu.

Si l'on m'avait convoqué, préparé, informé, le goût de la victoire aurait été différent. Mais là, c'était comme si j'avais reçu une médaille de participation. Sans avoir couru la course.

Non. Ce qui compte, ce ne sont pas les certificats ou les diplômes, mais ces moments bien précis durant le travail pour les obtenir, qui marquent une vie.

L'Examen où Tout s'est Joué

L'examen final se déroulait sur trois jours. En raison du grand nombre de candidats, nous avions été répartis en deux groupes. Un par semaine, chacun composé d'élèves issus de différents lycées à travers le pays. Durant l'examen, une épreuve après l'autre, les difficultés s'enchaînant crescendo. C'était l'exercice principal qui pesait le plus lourd dans la balance. Pendant plusieurs heures, nous travaillions sur cette tâche centrale, interrompus seulement lorsque les examinateurs venaient nous appeler un à un pour passer les épreuves annexes. C'était un peu comme avancer dans une quête principale tout en accomplissant des missions secondaires obligatoires — à la différence que là, chaque étape pouvait sceller notre avenir professionnel. L'épreuve majeure consistait à concevoir et réaliser, à partir d'une simple description textuelle, un montage électrique de moteurs industriels capables de tourner à plusieurs vitesses, dans les deux sens de rotation. Un dispositif que l'on retrouve notamment dans les chaînes d'assemblage. La difficulté de l'épreuve était au niveau des exigences. Il s'agissait tout de même de l'examen final pour octroyer un diplôme d'artisan électricien.

Pour rendre l'épreuve exigeante, les examinateurs y avait glisser une difficulté supplémentaire dans la partie du raccordement de commande.

Je fus le seul élève de ma semaine d'examen à la repérer. Je compris immédiatement l'anomalie, et j'adaptait mon schéma en conséquence avant même d'entamer l'installation.

Lorsque je mis sous tension mon montage, tout fonctionna parfaitement du premier coup.

C'était une première cette semaine-là.

Le dernier jour de l'examen, au retour de la pause, en me rapprochant d'un groupe de camarades qui discutaient devant l'un des examinateurs, ils se mirent à me féliciter spontanément, certains me serrant la main avec admiration.

Je ne comprenais pas.

Un de mes collègues m'expliqua alors que l'examinateur venait de leur confier qu'à ce stade de l'examen, j'étais le seul dont ils étaient certains qu'il avait réussi. Le fait que mon installation ait fonctionné du premier coup garantissait que le quota minimum était atteint. Les réussites lors des autres épreuves n'étaient donc que du bonus.

Pour moi cela fut un moment d'apaisement. Pas besoin d'attendre les résultats officiels.

J'étais certain d'avoir mon diplôme.

Pourquoi ce Moment est Important ?

Ne vous méprenez pas.

D'autres candidats réussirent aussi et même mieux. Certains eurent d'excellentes notes. Mais la différence fondamentale entre eux et moi résidait dans la manière dont la victoire fut obtenue.

Chacun d'entre nous se souvient du jour où il a réussi son examen final. C'est une étape marquante, un rite de passage, le sésame vers le monde du travail, vers l'âge adulte. Pourtant, dans ces lignes, je ne cherche ni à prouver ma compétence, ni à brandir un trophée d'excellence pour flatter mon ego ou me comparer aux autres. Ce n'est pas le but. Ici, je suis à la recherche de mes biscuits — ces moments-clés, ces éclats de victoire personnelle que l'on glisse dans sa boîte à souvenirs pour les jours plus sombres. Et pour moi, ce biscuit-là ne se trouve pas dans le diplôme lui-même. Il réside dans ce détail précis, presque invisible aux yeux de tous : j'ai été le seul à avoir compris l'énoncé dans son intégralité, à avoir su déchiffrer ce que les examinateurs attendaient réellement. J'ai conçu le schéma de commande à la perfection, et surtout — surtout — j'ai fait fonctionner le montage du premier coup. C'est cela, ma victoire. Car tôt ou tard, j'aurais fini par trouver. Mais là, c'est le « du premier coup » qui change tout. Comme un trou en un au golf. Quand cela arrive une fois, on parle de chance. Quand cela devient récurrent, on parle de maîtrise. Et ça, c'est un biscuit bien croustillant à mettre de côté.

Quant au deuxième prix d'apprentissage ? Oui, j'ai été l'un des lauréats du prix national. Mais je n'étais ni le seul ni le meilleur. Le mérite du premier prix revenait à un autre élève. Mon nom figurait sur la liste, en deuxième position certes. Mais je partageais cette reconnaissance avec d'autres candidats. Ce n'était pas un sommet solitaire, c'était une colline fréquentée.

Néanmoins ce qui reste gravé dans la mémoire, ce ne sont pas les certificats officiels ou les trophées distribués en fin de parcours. Ce sont les moments où vous vous êtes dépassé, où vous avez brisé une limite, où vous avez fait ce que personne ne voyait venir.

C'est ça, le véritable biscuit.

Les Vrais "Biscuits" de Ma Vie

Si je devais réécrire ma liste des victoires, non pas celles qui figurent sur un papier officiel, mais celles qui m'ont forgé, alors elle ressemblerait plutôt à ceci :

✓ L'instant où l'examinateur a annoncé devant mes camarades que j'avais réussi mon examen.

✓ Le jour où je suis passé devant le premier bâtiment que j'ai fait construire en tant que chargé d'affaire, pour un hôpital, mon tout premier chantier, aussi difficile qu'inoubliable.

✓ L'instant où, jeune adulte, après tant d'efforts à la salle de sport, j'ai vu dans le regard d'une femme que je lui plaisais.

✓ Le jour où j'ai cessé de vivre au bord du découvert, et où j'ai commencé à reprendre le contrôle de mes finances.

Ce sont ces moments précis qui nourrissent ma force mentale. Cela son mien uniquement. Ils peuvent paraitre dérisoire aux yeux des uns et des autres. Ce n'est point important. Ce qui compte c'est ce qu'ils représentent à mes yeux.

Car lorsqu'on se retrouve au pied du mur, quand tout semble s'effondrer, ce ne sont pas des diplômes encadrés qui nous relèvent. Ce sont les souvenirs de nos victoires réelles, vécues et surtout ressenties.

Suivant M. Goggins c'est cela, le pouvoir de la "Boîte à biscuits".

Se Souvenir pour Continuer à Avancer

En résumé, on pourrait dire : *« J'ai déjà réussi, donc je peux encore réussir. »*

Mais je tique sur cette conclusion, trop simpliste à mon goût. Bien sûr, je comprends la logique. Je vois parfaitement comment se rappeler ses victoires passées peut raviver la flamme, ranimer une motivation endormie. Mais je ne peux m'empêcher de penser que cette approche néglige certains facteurs essentiels.

Oui, j'ai obtenu un CATP autrefois… mais le prochain diplôme que je vise, c'est à l'université. Et il est autrement plus difficile. Oui, j'ai déjà perdu du poids, beaucoup même… mais aujourd'hui, j'ai vieilli, mon corps a changé, et l'effort n'est plus le même.

Il ne faut pas se méprendre : la boîte à biscuits n'est pas une baguette magique. Elle ne résout pas tous les problèmes de motivation sous prétexte que vous avez *déjà* surmonté une épreuve. Et que dire de celles et ceux qui n'ont encore rien vécu de particulièrement difficile ? Faut-il leur conseiller de provoquer des tempêtes juste pour apprendre à nager ? Faut-il s'infliger le chaos pour mériter une étincelle de fierté ?

Et puis, qu'est-ce qu'une épreuve difficile, au juste ? Grandir dans un environnement marqué par les violences, le mépris ou le manque, et réussir malgré tout à devenir un citoyen digne, autonome et debout… n'est-ce pas là une victoire aussi méritoire que celle de quelqu'un qui a grandi avec davantage de stabilité, et qui choisit plus tard de se confronter à l'extrême, en courant un ultramarathon ? Sans rien retirer au courage de ces coureurs — car s'élancer sur 100 kilomètres demande une force colossale — il faut simplement reconnaître qu'un départ chaotique rend chaque pas, chaque avancée, d'autant plus rude.

Alors, que faire de cette fameuse boîte à biscuits ?

Pour moi, elle n'est pas un puits sans fond. Elle est un rappel ponctuel. Un recours occasionnel. Y plonger la main peut être utile, oui – mais à condition de le faire avec discernement. Car à trop s'y nourrir, on risque l'indigestion. Et dans ce cas-là, comme toujours… ce qui devait aider finit par peser.

Défi 07 :

Surmonter Votre "Gouverneur"

Dans ce défi, David Goggins nous confronte à l'un des plus grands mensonges que notre cerveau nous raconte : "Tu es au bout de tes forces."

En réalité, lorsque tu crois être à 100%, tu n'es qu'à 40% de ton potentiel. C'est ce qu'il appelle la règle des 40%.

L'idée est simple : ton cerveau agit comme un "gouverneur" (comme un limiteur de vitesse sur une voiture) qui t'empêche d'aller au bout de tes capacités physiques et mentales.
Tu veux abandonner ? C'est souvent ton mental qui cède en premier, pas ton corps.

Objectif du défi : Commence à repousser cette limite artificielle, de manière progressive :

- *Si ton max est 100 pompes, fais-en 105.*

- *Si tu cours 30 km par semaine, passe à 33.*

- *Applique cette logique à d'autres domaines : concentration, productivité, discipline.*

Chaque semaine, augmente ton seuil de 5 à 10%. Ce n'est pas une course vers l'épuisement, mais une reprogrammation en douceur. Ton objectif est de :

- *Réduire la voix intérieure qui te pousse à abandonner.*

- *↻ Redéfinir ton "normal" pour qu'il soit au-dessus de l'ordinaire.*

- *⬭ Transférer cette force mentale à tous les aspects de ta vie.*

⬭ Ce n'est pas un défi pour le corps uniquement — c'est une victoire sur toi-même.
Le seul adversaire ici, c'est la version limitée de toi-même que tu acceptais jusque-là.

Gouverneur...

Je n'aime pas ce mot. Il heurte mon ego. Il insinue qu'une force supérieure, nichée dans mon subconscient, détient un pouvoir sur mes décisions et mes actes, une influence invisible qui me contrôle sans que je m'en aperçoive. Comme si j'étais le pantin de quelque chose d'autre, comme si, malgré toute ma volonté, j'avais délégué mon autonomie à une autorité que je ne perçois même pas.

Et pourtant... si nous sommes honnêtes avec nous-mêmes, nous faisons tous cela.

La seule différence, c'est que nous le faisons sans en être conscients.

Nous laissons cette voix intérieure nous chuchoter des excuses, nous murmurer des raisons d'abandonner, nous convaincre que l'effort n'en vaut pas la peine. Et nous nous enfonçons dans l'illusion du confort, évitant à tout prix de voir cette vérité en face. Car l'admettre, ce serait reconnaître notre propre soumission.

Mais aujourd'hui, plus d'hypocrisie.

Aujourd'hui, nous allons affronter cette réalité.

Le Cochon-Chien : Mon Véritable Ennemi

Dans l'Allemagne des années 2000, une publicité pour un fournisseur d'énergie repris un concept fascinant : le "Innere Schweinehund", une expression qui pourrait se traduire par "Le Cochon-Chien Intérieur".

Une créature grotesque, mi-chien, mi-sanglier, incarnation d'un monstre de paresse, de procrastination et d'excuses. L'abomination parfaite. Le « Schweinehund » est l'ennemi du progrès, l'obstacle mental qui nous empêche d'accomplir les tâches désagréables mais nécessaires.

- Ranger la cuisine.
- Faire du sport.
- Sortir du lit pour aller courir sous la pluie.

C'est en réfléchissant à cette image du « Schweinehund » que m'est apparue une comparaison évidente avec le concept du Gouverneur.

Un gouverneur, c'est une figure d'autorité qui impose des règles. Une force qui nous limite, mais qui reste passive. Un Cochon-Chien, c'est une créature monstrueuse qui se dresse sur notre chemin, qui nous provoque et nous défie.

L'un représente une oppression silencieuse, l'autre, un adversaire tangible que l'on peut affronter.

C'est une question de perspective. J'ai toujours préféré me voir en guerrier plutôt qu'en révolutionnaire. Alors je choisis de combattre mon Cochon-Chien.

Le Combat Sur le Tapis de Course

J'ai perdu 30 kg en 6 mois. Ce ne fut pas un miracle, ni un programme magique. Ce fut un combat.

Chaque jour, une nouvelle bataille contre ce démon intérieur, ce Schweinehund qui tentait de me convaincre d'abandonner.

Cela se manifestait toujours dans les cinq dernières minutes de mes séances de course à pied.

Je m'étais fixé un objectif simple : 40 minutes de course, quelle que soit la distance parcourue.
La régularité comptait plus que la performance.

Certains jours, je courais 5 km.
D'autres, 7 km.
Mais toujours 40 minutes.

Ce qui fit la différence, ce ne furent pas ces 40 minutes en elles-mêmes, mais les 3 à 5 minutes supplémentaires que je m'imposais après chaque séance.

À chaque fois que le compteur affichait 39 minutes, lorsque je voyais que j'étais à 6,2 km, mon Cochon-Chien apparaissait.

Il murmurait :

- *"C'est bon, t'as fait assez. Arrête-toi."*

- *"Personne ne regarde, ça ne sert à rien."*
- *"Tu es fatigué, repose-toi."*

Alors, je visualisais son visage grotesque, et je lui faisais un immense doigt d'honneur.

Et au lieu de ralentir, j'augmentais la vitesse.
Je fixais un dernier objectif, quelque chose d'absurde pour me prouver que c'était moi qui décidais, pas lui.

Courir à 9 km/h jusqu'à atteindre 7 km.
Maintenir une allure plus rapide que la veille.
Ne pas s'arrêter avant un point précis sur mon parcours en extérieur.

C'était mon jeu mental. Un jeu où chaque jour, je repoussais ma limite d'un petit centimètre supplémentaire.

L'Art de Finir Plus Fort que l'on Commence

Dans ce contexte ce n'est pas la séance elle-même qui fait la différence. C'est la manière dont on la termine.

Et cela vaut dans tout :
✓ Si vous faites de la musculation, ajoutez toujours une répétition supplémentaire.
✓ Si vous nettoyez votre cuisine, attaquez aussi le micro-ondes avant de ranger.
✓ Si vous travaillez sur un projet, consacrez 5 minutes de plus à relire ce que vous avez fait.

Et chaque fois que vous sentez cette voix intérieure vous dire *"c'est bon, ça suffit"*, visualisez votre Cochon-Chien.

Faites-lui un doigt d'honneur.
Dites-lui : "Tu ne gagneras pas."

Et faites juste un peu plus.

Dompter Son Propre Monstre

La réalité, c'est que nous avons tous ce « démon » intérieur.

Certains l'appellent "gouverneur", d'autres, "voix intérieure", d'autres encore, "procrastination".

Moi, je l'appelle Cochon-Chien. Peu importe le nom qu'on lui donne, l'essentiel est d'en reconnaître l'existence.

Nous ne sommes pas tous destinés à accomplir des exploits dignes de David Goggins, et c'est précisément pour cela qu'il est important de le dire : il vous arrivera de perdre une bataille contre votre Cochon-Chien.

Et ce n'est pas grave. L'essentiel est d'en être conscient. Ne vous imposez pas une pression constante au point de voir ce monstre partout, tout le temps. Apprenez à le maîtriser, pas à le craindre.

Car lorsqu'on le connaît, on peut aussi apprendre à lui laisser un peu de champ — sans jamais lui abandonner les rênes. C'est une question d'équilibre. Et lorsque vous sentez qu'il prend trop ses aises, alors reprenez la laisse et remettez-le à sa place.

Quand j'ai perdu du poids, atteint mon pic de forme physique, je contrôlais non seulement mon corps, mais aussi mon esprit — et donc mon Cochon-Chien. Puis, avec le temps, je l'ai laissé revenir. Je lui ai ouvert la porte, il a repris de l'espace… jusqu'à me dominer à nouveau.

Aujourd'hui, je suis dans une nouvelle phase. Je me relève, je me bats, je reprends du terrain. Parfois je gagne, parfois je perds. Mais je ne lui laisse plus les commandes.

Désormais, c'est moi qui fixe les règles du jeu.

Défi 08 :
Planifiez Votre Temps

Ce défi est un exercice de maîtrise du temps. Selon David Goggins, le multitâche et l'improvisation permanente nous transforment en amateurs de la productivité. Trop souvent, nous passons nos journées à moitié concentrés, distraits par nos écrans, nos notifications et nos pensées vagabondes.

🕐 *Objectif : structurer chaque minute.*

Ce défi s'étale sur trois semaines :

🔍 *Semaine 1 : Observation*

- *Vis ta vie normalement.*

- *Note tout ce que tu fais avec des horaires précis : travail, repas, déplacements, pauses, écrans, sport, etc.*

- *Résultat : tu vas découvrir où tu perds du temps.*

🧩 *Semaine 2 : Reconstruction*

- *Crée un emploi du temps optimisé, avec des blocs de 15 à 30 minutes.*

- *Chaque bloc doit avoir un objectif clair et unique.*

- *Quand tu travailles, ne fais que ça. Quand tu manges, détends-toi vraiment. Quand tu te reposes, déconnecte à 100 %.*

- *Continue à noter pour détecter les derniers trous temporels.*

 Semaine 3 : Stabilisation

- *Affine ton emploi du temps pour en faire un outil fluide, réaliste et durable.*

- *Tu devrais désormais être capable d'atteindre un pic de productivité, sans sacrifier ton sommeil ni ta santé mentale.*

📌 *Ce défi t'enseigne que le talent n'est pas requis, mais que la discipline organisationnelle est une arme puissante. Le temps est ton bien le plus précieux. Ne le gaspille pas.*

L'Art de l'Optimisation Totale

Le premier livre que j'ai lu sur la gestion du temps s'intitule *Votre temps est infini* de Fabien Olicard. Dans cet ouvrage, l'auteur pousse le lecteur à prendre conscience du temps qui passe et à le quantifier.

Il propose une vision simple :
1 journée = 24 heures = 1440 minutes.

En regardant le temps sous cet angle, il devient possible d'en maîtriser l'usage et d'optimiser nos journées comme on gère un budget financier.

1440 Minutes : Où Passe Notre Temps ?

Si nous décortiquons une journée type, en retranchant les activités incontournables, voici ce que nous obtenons :

- Sommeil ⬛ : 8h = 480 min

- Hygiène ⬛ : 1,5h = 90 min

- Nourriture (incluant la préparation des repas) ⬛ : 2h = 120 min

Temps consommé par les besoins fondamentaux : 11,5h = 690 min

Il reste 750 minutes.

Ensuite, ajoutons le travail et les trajets :

- Travail (durée moyenne) ⬛ : 8h = 480 min

- Trajet Aller-Retour ⬛ : 2h = 120 min

Temps consommé par la vie professionnelle : 10h = 600 min

Si nous retranchons ces 600 minutes des 750 restantes, il nous reste 150 minutes, soit 2h30 par jour.

Et dans ces 2h30, nous devons encore caser tout le reste :

📌 Courses
📌 Sport
📌 Loisirs
📌 Réseaux sociaux
📌 Vie de famille
📌 Projets personnels

Ce n'est pas beaucoup.

Alors comment trouver du temps pour ce qui compte vraiment ?

Le Temps : Une Ressource Plus Rare Que L'Argent

Nous avons tendance à traiter notre temps comme s'il était inépuisable. Or, il est plus précieux que l'argent. Voyez-vous, l'argent peut être gagné, perdu, puis regagné. Le temps, une fois écoulé, est définitivement irrécupérable.

Et pourtant, nous dépensons notre temps de manière beaucoup plus irresponsable que notre argent.

Dans un budget financier, vous ne pouvez pas dépenser plus que ce que vous possédez sans tomber dans la dette. Il faut équilibrer, arbitrer, renoncer à certaines dépenses pour préserver l'essentiel.

Avec le temps, ce n'est pas tout à fait la même chose. Il vous sera impossible de prendre un crédit sur le temps qui vous reste. Sans parler du fait, qu'en général il vous est impossible de savoir combien de temps il vous reste vraiment. Il y a néanmoins des similitudes en matière de gestion du temps.

Alors comment faire pour gérer notre temps comme un budget ? Pas au sens où on en fabrique plus. Mais au sens où on cesse d'en perdre.

Optimiser Son Temps : Deux Stratégies

Il existe plusieurs manières d'optimiser son emploi du temps :

1. Combiner des activités → Faire deux choses à la fois pour économiser du temps.

Il y a un proverbe allemand qui dit « Wer zwei Sachen auf einmal macht, macht keine richtig » traduit, cela donne : « Celui qui fait deux choses en même temps n'en fait aucune correctement. » Moi je dis ça dépend des choses.

Quand ma compagne et moi avons décidé de déménager, nous savions que cela rallongerait considérablement nos trajets quotidiens. Pour moi, cela voulait dire deux heures de voiture par jour. Deux heures perdues, à première vue. Mais au lieu de me plaindre ou de me résigner à écouter en boucle les mêmes playlists ou les pubs à la radio, j'ai pris une décision simple qui allait transformer mes journées : je me suis mis aux livres audio.

Et je vous l'écris ici, noir sur blanc : c'est l'une des meilleures décisions que j'ai prises dans ma vie. Ce temps "inutile" est devenu un moment d'apprentissage, de réflexion, de découverte. Je l'ai investi en moi. Je me suis nourri de dizaines de livres. Des biographies, des essais, des romans, des manuels de développement personnel, de finance, d'histoire, de psychologie…

Là où beaucoup voient du temps mort, j'y ai trouvé un vivier d'opportunités. Et je ne dis pas que ça fonctionne pour tout le monde, ni que toutes les activités peuvent être combinées. Mais parfois, c'est dans les interstices de nos journées qu'on trouve les plus grandes marges de progrès.

Je suis certain que vous aussi, vous pouvez trouver dans votre quotidien des combinaisons intelligentes à mettre en place.

Si vous souhaitez passer plus de temps avec votre partenaire, transformez les corvées en moments partagés. Faites les courses ensemble, non pas comme une obligation, mais comme une activité à deux. Parlez, riez, décidez ensemble du menu de la semaine. Vous serez surpris de voir à quel point cela peut renforcer une relation.

Quand vous récupérez vos enfants à l'école, profitez du trajet pour leur poser des questions sur leurs devoirs. Cela ne prend que quelques minutes, mais vous permet déjà d'anticiper les révisions du soir. Vous évitez ainsi les mauvaises surprises et vous vous impliquez dans leur quotidien sans que cela ne vous coûte plus de temps.

Ce ne sont que des exemples, peut-être banals, peut-être imparfaits. Mais ce n'est pas à moi de dicter la marche à suivre. C'est à chacun de trouver ce qui fonctionne pour lui, ce qui peut lui faire gagner quelques précieuses minutes. Et parfois, ce sont ces minutes-là qui changent tout.

2. Gratter des minutes partout → Identifier des trous invisibles dans notre emploi du temps et les exploiter.

La plupart d'entre nous ne sommes pas des machines de discipline, ni des experts en productivité. Nous sommes humains, faillibles, et régulièrement en combat contre notre Cochon-Chien intérieur (ce démon mental qui nous pousse à la procrastination et au laisser-aller).

Alors, la première chose à faire est d'analyser objectivement son emploi du temps. Si vous observez vos journées, vous trouverez presque toujours une fenêtre temporelle cachée. À titre d'exemple, voici à quoi ressemblait une journée typique pour moi, avant que je ne commence à appliquer une logique d'optimisation :

Réveil :	07:00	
Hygiène & café :	07:00 – 08:00	
Trajet pour le travail :	08:00 – 09:00	
Travail :	09:00 – 18:00	
Trajet retour :	18:00 – 19:00	
Cuisine & Dîner :	19:00 – 20:00	
Hygiène & Repos :	20:00 – 23:00	
Couché :	23:00 – 07:00	

Ce qui saute aux yeux ici, ce sont les trois heures entre 20h et 23h. Trois heures marquées comme "repos". La question est simple : Ai-je réellement besoin de trois heures entières pour me détendre chaque soir ?

Ne pourrait-on pas en allouer une partie à autre chose ? Études, sport, apprentissage, lecture, projets personnels ou tout simplement une activité qui nourrit l'esprit ?

Attention : tout dépend des circonstances. Dans mon cas, sans enfants à charge, ces trois heures m'appartiennent pleinement. Mais chaque emploi du temps est unique, et chaque configuration — familiale, professionnelle, émotionnelle — crée une réalité différente. Il ne s'agit pas de copier, mais de s'inspirer pour ajuster.

Il faut aussi accepter que notre emploi du temps n'a pas à être rigide. Certains jours, vous serez trop fatigué pour pratiquer du sport. D'autres, trop accaparé mentalement pour étudier une langue. C'est normal. L'important est de reprendre le fil dès que possible.

Maintenant imaginez-vous la scène suivante :

Vous êtes affalé sur le canapé, un chat sur les genoux, une glace à la main, enchaînant quatre épisodes de Friends sans vous poser de questions.

Et si cette fenêtre de temps était récupérable ?

→ Pouvez-vous commencer plus tôt au travail pour rentrer plus tôt le soir ?
→ Pouvez-vous cuisiner en grande quantité pour éviter de perdre du temps chaque jour en cuisine ?
→ Pouvez-vous limiter votre session console ou réseaux sociaux à un temps défini ?

Même 15 minutes économisées par jour, c'est 1h45 par semaine. Et 1h45, c'est monumental si vous l'investissez dans quelque chose qui vous rapproche réellement de ce qui compte.

Pourquoi Gagner du Temps ?

Avant de vouloir libérer du temps, il faut se poser une question essentielle :

Pourquoi ?

Il existe deux grandes raisons de vouloir gagner du temps :

📌 Le bonheur → Passer plus de temps avec sa famille, profiter des loisirs, se détendre.

Au début, on a l'impression d'avoir toute la vie devant soi. On vit comme si le sablier était infini. Puis un jour, on réalise qu'une bonne partie du sable est déjà tombée… et que le reste s'écoule plus vite qu'on ne le pensait. C'est souvent à ce moment-là qu'on commence à courir après le temps qu'on n'a plus.

Je me souviens d'une conversation simple, presque banale, que j'ai eue un jour avec ma mère. Nous parlions de regrets — un sujet qui, en général, surgit sans crier gare. Elle m'a alors confié, sans amertume mais avec une sincérité poignante, que son seul véritable regret dans la vie était de ne pas avoir passé plus de temps avec ses fils. Aller au cinéma, faire des activités ensemble, assister à nos compétitions sportives… toutes ces choses qu'elle n'avait pas pu faire.

Évidemment, je l'ai rassurée du mieux que j'ai pu. Mon frère et moi avons toujours compris les circonstances. Nous n'avons jamais nourri de reproches, bien au contraire. Nous lui sommes reconnaissants pour les sacrifices qu'elle et notre père ont faits pour nous offrir une vie stable et digne.

Mais cette conversation, aussi intime soit-elle, m'a marqué. Car elle m'a rappelé que nous ne sommes pas toujours maîtres de notre temps. Et que si, à un moment donné, nous avons la possibilité de grappiller quelques heures, de les arracher à nos routines, pour les consacrer à ceux qu'on aime — alors il faut le faire.

Cela ne nous rendra pas plus riches, ni plus productifs. Mais cela pourrait bien nous éviter des regrets.

📌 L'efficacité → Atteindre ses objectifs, apprendre de nouvelles compétences, avancer dans ses projets.

Lorsque nous avons entamé une nouvelle phase de notre vie de couple, ma compagne et moi avons pris une décision importante : acheter une maison. Il devenait urgent de quitter notre petit appartement étroit et de mettre de la distance entre nous et un voisinage... disons, difficile.

Notre budget de l'époque ne nous permettait pas de viser la maison idéale — celle que nous rêvions en silence : un coin à la campagne, avec une terrasse, un potager, un verger, un poêle à bois... le cliché parfait, mais ô combien séduisant, d'une vie paisible et autonome.

Alors, nous avons choisi avec raison. Une maison bien située, au potentiel indéniable, mais qui nécessitait d'importants travaux. Vous voyez sûrement où je veux en venir. Ces travaux, nous n'avions pas les moyens de les déléguer. Il fallait les réaliser nous-mêmes. Ce qui signifiait aussi : apprendre, se former, tester, échouer, recommencer.

Et surtout : trouver du temps.

Du temps pour apprendre les bases de la plomberie. Du temps pour comprendre l'électricité. Du temps pour manipuler un marteau sans se blesser, pour regarder des tutoriels, pour visiter les magasins de bricolage. Chaque minute libre devenait précieuse, chaque soirée une opportunité de poser une dalle, monter un mur, poncer une poutre.

Les raisons qui nous poussent à vouloir plus de temps sont infinies. Parfois, c'est pour bâtir quelque chose de concret, comme une maison. D'autres fois, c'est pour bâtir quelque chose de moins visible, mais tout aussi fondamental : soi-même.

Mais peu importe la motivation.
Si vous ne savez pas pourquoi vous voulez plus de temps, vous finirez par le gaspiller.

Expérimenter et Ajuster Son Planning

Et si vous n'aviez pas besoin de 8h de sommeil ?

Certains fonctionnent parfaitement avec 6h, ce qui leur donne 2 heures de plus par jour.

Seul un test sur vous-même vous permettra de savoir si c'est viable.

Personnellement, mon emploi du temps idéal ressemblerait à ceci :

- 🕐 05h00 → Réveil, hygiène, café, médicaments
- 🕐 05h30 → Départ pour le travail
- 🕐 06h30 - 15h00 → Journée de travail
- 🕐 16h00 - 19h00 → Fenêtre de temps libre pour mes projets personnels
- 🕐 19h00 - 20h00 → Hygiène et préparation du dîner
- 🕐 20h00 - 21h00 → Détente
- 🕐 21h00 → Coucher

Cette fenêtre entre 16h00 et 19h00 est mon espace de liberté.

Elle me permet soit d'être efficace, soit de profiter de la vie. C'est là que tout se joue. Mais bien sûr, ce n'est pas un programme rigide. La vie est imprévisible, et il faut adapter son emploi du temps en fonction des circonstances.

L'important n'est pas d'avoir un planning parfait, mais de savoir où se trouve votre temps libre et de l'utiliser intelligemment.

Trouvez Votre Fenêtre de Temps

Chacun a son propre emploi du temps. Mais nous avons tous une fenêtre temporelle cachée.

Elle est là, quelque part. C'est à vous de la trouver.

→ Notez votre journée.
→ Cherchez les minutes gaspillées.
→ Faites des ajustements.
→ Expérimentez.

Et surtout, demandez-vous toujours : "Pourquoi ?"

Car finalement, le temps ne manque pas.

Ce qui manque, c'est la volonté de le maîtriser.

Défi 9 :
Exceptionnel Parmi les Exceptionnels

Ce défi s'adresse à ceux qui ne veulent pas seulement être bons, ni même excellents — mais à ceux qui veulent devenir inclassables, même au sein des meilleurs.

Le message est clair : atteindre un certain niveau n'est jamais une fin. La grandeur ne se conserve pas. Elle s'évapore si elle n'est pas constamment alimentée par de nouveaux efforts.

David Goggins appelle cela :
être "uncommon amongst the uncommon" — exceptionnel même parmi les plus exceptionnels.

Cela demande :

- *Une discipline totale et un engagement sans faille.*

- *Un effort constant, au-delà du raisonnable.*

- *Une volonté de se démarquer, même quand on évolue déjà dans un environnement d'élite.*

- *Un rejet absolu de la complaisance.*

Si tu penses avoir "réussi", ce défi te pousse à brûler cette satisfaction pour aller encore plus loin.
Il ne s'agit plus de battre les autres — mais de te battre contre toi-même, pour maintenir ton exigence là où les autres se relâchent.

⊘ Ce défi n'est pas pour tout le monde. Il déséquilibrera peut-être ta vie. Mais il est la voie vers une version de toi qui ne se compare plus à personne.

Non, merci.

Je ne veux pas être *exceptionnel parmi les exceptionnels.*

Et je le dis sans honte, sans regret, et avec un certain soulagement.

Cela ne signifie pas que j'abandonne, ni que mon Cochon-Chien intérieur a gagné. Car ne pas choisir un extrême ne veut pas dire tomber dans l'autre. Il y a un univers entier entre ces deux pôles.

Nous avons une fâcheuse tendance à penser en noir et blanc.
Si ce n'est pas *tout*, alors c'est *rien*.
Si ce n'est pas *l'excellence*, alors c'est *l'échec*.

📌 Si tu ne cherches pas à être le meilleur, c'est que tu te contentes de la médiocrité.
📌 Si tu ne veux pas briller, c'est que tu veux rester dans l'ombre.

Ce raisonnement est faux. Et pourtant, il est omniprésent dans nos esprits, conditionné par des décennies de slogans inspirants, de récits de héros qui ont tout sacrifié pour atteindre les sommets.

Mais où est la nuance ? Où sont les couleurs de l'arc-en-ciel, celles que notre biais cognitif nous empêche de voir ?

Le Piège du Rêve Absolu

Dans son livre *Thinking, Fast and Slow*, Daniel Kahneman expose la manière dont nos biais cognitifs influencent nos décisions sans que nous nous en rendions compte.

L'un des plus insidieux est celui qui nous pousse à croire que vouloir quelque chose suffit à le rendre accessible.

Nous vivons dans un monde où l'on nous répète sans cesse : *"Si tu veux vraiment quelque chose, alors tu peux l'atteindre."*

Mais personne ne nous pose la vraie question : "Veux-tu vraiment payer le prix de cette ambition ?"

Car l'effort nécessaire pour devenir exceptionnel parmi les exceptionnels n'est pas un détail.

C'est un engagement total, une abnégation extrême, un sacrifice constant.

Pourquoi je Passe Mon Tour

Je me suis demandé si je voulais vraiment ça.

Et j'ai trouvé ma réponse.

→ Non.

Non, parce que le prix à payer est trop élevé.
Non, parce que le rapport entre l'investissement et la

récompense est disproportionné.

Non, parce que je ne ressens pas ce besoin viscéral d'être le meilleur.

Et surtout… non.

Non, parce que je me contente sincèrement d'une vie simple, mais pleinement vécue.

💡 Atteindre **mes** objectifs me suffira.

💡 M'améliorer à **mon** rythme me suffira.

💡 Être fier de **mon** parcours, sans chercher à dépasser qui que ce soit, me suffira.

Je suis reconnaissant pour ce que j'ai, pour ce que je suis, et pour la vie en général. Et cette reconnaissance, loin d'être un renoncement, est l'une des plus grandes forces qu'on puisse cultiver.

Se connaître soi-même, accepter sa propre trajectoire, et l'honorer pleinement — sans chercher à se conformer aux standards imposés ou aux mirages vendus par la société — voilà peut-être la plus belle forme de liberté.

Accepter Qui l'On Est : Un Acte de Force, Pas de Faiblesse

Le monde célèbre les compétiteurs acharnés, les perfectionnistes insatiables, les gladiateurs de la performance. On érige des statues aux premiers, on applaudit les invincibles. Mais qu'en est-il de ceux qui, comme moi, choisissent une autre voie ?

Il faut parfois plus de courage pour dire « Ce n'est pas pour moi », que pour s'entêter à courir après un idéal taillé pour d'autres.

💡 Refuser de se battre pour la première place ne fait pas de moi un perdant.

💡 Refuser de vivre uniquement pour l'excellence ne me condamne pas à la médiocrité.

La vie ne se résume pas à tout ou rien. Elle se joue dans les nuances. Et mon chemin, même s'il ne mène pas au sommet, a sa propre valeur. À mes yeux, il est pleinement légitime.

Alors non, merci. Je ne veux pas être exceptionnel parmi les exceptionnels. Et je n'en ai pas honte.

Qui je suis ? Je ne suis pas certain d'avoir la réponse. Et honnêtement, ce n'est peut-être même pas à moi de la donner. Je suis un amant, un ami, un fils, un collègue, parfois un inconnu qui agace, parfois un allié qui soulage. Mais au fond, ce n'est pas qui je suis qui compte. C'est qui je choisis de devenir.

Je ne veux pas devenir une légende. Je veux devenir quelqu'un de bon pour ma femme, de fiable pour mes collègues, de loyal pour mes amis, et un fils dont mes parents peuvent être fiers.

C'est cela, ma ligne d'arrivée. Et je la poursuis avec le cœur léger.

Défi 10 :
La Force Tirée de l'Échec

Dernier défi. Et peut-être le plus puissant.
Il t'invite à te confronter à tes échecs les plus marquants,
non pas pour t'en blâmer — mais pour en extraire les leçons
les plus profondes.

L'objectif : faire un "After Action Report" personnel.
Comme les soldats le font après chaque mission.
Mais cette fois, c'est ta propre chute que tu vas analyser.

Voici comment procéder :

1. *Écris tout ce qui s'est bien passé, même dans cet échec. Tu seras surpris : rien n'est jamais 100 % négatif.*

2. *Analyse ta préparation, ton exécution, ton état d'esprit. Qu'as-tu pensé avant ? Pendant ? Après ?*

3. *Liste tout ce que tu peux améliorer. Sans pitié. Sois honnête, précis et brutalement lucide.*

4. *Planifie une nouvelle tentative dès que possible. Même symbolique. L'important est de ne pas rester figé.*

Tu ne peux peut-être pas rejouer ce match, ou revivre cette situation passée, mais tu peux utiliser ses leçons pour réussir demain.

📌 *Utilise pour cela tout ce que tu as appris jusqu'ici : la discipline mentale, le miroir de responsabilité, la boîte à biscuits, la règle des 40%, et ta nouvelle relation à la douleur.*
Et si tu échoues encore ? Recommence. Encore. Et encore. Parce que ce jeu s'appelle la vie, et c'est un jeu mental.

👉 *Contrôle ton esprit. Domine ton dialogue intérieur. Et continue à avancer, peu importe le score.*

Le Yin et le Yang

📜 *Laozi (Lao Tseu) – Dao De Jing*
📌 *« Le mal engendre le bien, et le bien engendre le mal. »*

Dans chaque situation négative, il existe une opportunité cachée. De même, dans chaque succès, une fragilité se dissimule.

Le symbole du Yin et du Yang nous l'enseigne :
Dans la partie sombre, un point de lumière.
Dans la partie lumineuse, une tache d'ombre.

Tout contient son opposé. L'échec peut être une leçon, et la réussite, un piège.

L'Art d'Apprendre de Ses Échecs

Il y a des vérités que l'on comprend sans les apprendre.

On sait, par exemple, que le feu brûle.

Mais ce n'est que lorsqu'on a la main posée sur la flamme, lorsqu'on sent la chaleur ronger la peau et que la douleur explose dans les nerfs, que l'on comprend vraiment. L'échec fonctionne exactement de la même manière.

On nous apprend dès l'enfance à le craindre, à l'éviter, à tout faire pour l'empêcher. Mais jamais on ne nous dit qu'il peut être un guide, un levier puissant qui nous propulse en avant. L'échec, bien compris, n'est pas une fin. Il est un point de départ.

L'expérience de l'échec est universelle, mais elle ne suffit pas. Il faut trois choses pour réellement en tirer profit :

La volonté d'apprendre.
La curiosité pour analyser ce qui s'est passé.
Le courage d'accepter ses propres fautes.

C'est cette alchimie-là, et elle seule, qui permet d'intégrer en soi toute la richesse des enseignements que l'échec peut offrir.

Apprendre à Perdre : Une Leçon Venue du Jeu

La citation « La folie, c'est de faire toujours la même chose et de s'attendre à un résultat différent » est souvent attribuée à Einstein. Mais soyons clairs : aucune preuve sérieuse ne confirme que ces mots sont les siens. Certains la prêtent aussi à Benjamin Franklin ou Mark Twain… là encore, sans fondement solide. Peu importe, en réalité. Cette phrase a traversé le temps parce qu'elle dit quelque chose de vrai — quelque chose de nécessaire : si tu veux que les choses changent, tu dois, toi aussi, changer quelque chose.

Mais avant de changer d'approche, il faut d'abord comprendre l'échec que l'on vient de vivre. L'accepter. L'analyser. Se donner, les meilleures conditions possibles pour franchir un nouveau palier.

Pour illustrer cela, je vais te parler de jeux vidéo. Plus précisément d'un genre à part : les jeux Souls-like, nés avec *Demon's Souls* du studio FromSoftware. Ce ne sont pas des jeux comme les autres. Ce qui les distingue, c'est leur niveau de difficulté extrême. Ils ne cherchent pas à divertir de manière simple ou à flatter ton ego. Non, ces jeux te brisent. Te piétinent. Te laissent seul face à ta frustration. Et pourtant… pour ceux qui tiennent bon, ils enseignent une leçon précieuse.

Le principe est simple : la difficulté n'est pas là pour te punir, mais pour t'éduquer. Elle devient un langage. Chaque piège, chaque défaite, chaque boss qui te terrasse en deux coups t'enseigne quelque chose. Pas à propos du jeu, mais à propos de toi.

Il n'y a pas de tutoriels interminables, pas de flèches brillantes pour te montrer la voie. Il n'y a que la défaite. Encore et encore. Jusqu'au moment où tu comprends. Tu t'adaptes. Tu observes. Tu acceptes. Et un jour — tu gagnes. Tu terrasses ce boss que tu maudissais, et tu ressens cette émotion si rare dans les jeux modernes : l'accomplissement.

La première fois que j'ai lancé un Souls-like, j'ai foncé tête baissée. J'ai voulu imposer ma volonté au jeu. Résultat ? Deux heures à perdre encore et encore, sans avoir passé les premiers ennemis. Frustré, humilié, j'ai éjecté le disque et rangé la boîte au fond d'un tiroir.

Je n'étais pas prêt. Je n'avais ni la patience, ni la volonté, ni la lucidité pour apprendre de mes erreurs. Je voulais gagner, pas comprendre.

Cinq ans plus tard, un autre Souls-like tombe entre mes mains. Et cette fois… je termine le jeu. Du début à la fin. Avec panache. Et surtout, avec un sentiment profond d'avoir accompli quelque chose de grand.

Qu'est-ce qui avait changé entre-temps ?

Ma vie. Mes épreuves. Les réels.

J'étais passé par des ruptures, du chômage, des difficultés financières. Mais aussi par des rebonds. Une maison achetée. Un couple solide. Des projets qui prennent forme. La vie, dans tout ce qu'elle a de rude et d'imprévisible, m'avait enseigné ce que le jeu n'avait fait qu'illustrer.

Et depuis, je ne joue plus de la même manière. Ni aux jeux ni à la vie.

Quand je perds, je m'arrête. Je réfléchis. Pourquoi ai-je échoué ? Qu'est-ce que je n'ai pas vu ? Qu'est-ce que je dois modifier ? Je fais appel à ma volonté d'apprendre, à ma capacité d'analyse, et surtout — au courage d'admettre que j'ai mal agi.

C'est ainsi que j'avance.

Et ce que j'ai appris devant un écran, manette en main, je l'applique ailleurs. Dans la vraie vie.

L'Obsession de la Perfection : Un Poison

Nous avons cette pression invisible sur nous-mêmes.

Nous voulons être parfaits.
Nous voulons tout réussir.
Nous nous interdisons d'échouer.

Mais cette pression est absurde.

→ Oui, il faut se motiver.
→ Oui, il faut chercher à s'améliorer.
→ Mais il faut aussi accepter que parfois, nous tomberons.

Et ce que nous devons à nous-mêmes, ce que nous devons à ceux qui nous aiment, c'est de nous relever.

📌 Faire une pause ? Oui.
📌 S'apitoyer sur soi-même ? Peut-être, un instant.
📌 Mais abandonner ? Jamais.

L'échec n'est pas une fin. Il est un passage Un lieu sombre, certes, mais qui contient ses propres secrets — des secrets qu'il ne révélera qu'à ceux qui osent y rester assez longtemps.

À ce stade, je reviens à M. David Goggins, et à ses principes. Mais j'y apporte une nuance. Une nuance essentielle. Goggins est, à mes yeux, un titan de la résilience. Il a trouvé sa voie dans le dépassement total. Il vit au seuil de la douleur, et il y a construit son royaume.

Mais comme déjà établi dans cet ouvrage : cette voie n'est pas universelle. Et surtout, elle n'est pas obligatoire.

Nous ne sommes pas tous faits pour vivre à l'extrême. Et il n'y a aucune honte à cela. Le problème n'est pas de refuser le combat. Le problème, c'est de croire qu'il n'existe qu'une seule façon de le mener.

Alors comment, nous, simples mortels, devons-nous aborder l'échec ?

Il faut comprendre une chose : Nous ne jouons pas tous le titre.

Comme dans le sport, il y a toujours plus de spectateurs que d'athlètes. Et parmi les athlètes, une infime minorité seulement décroche une médaille.

Les spectateurs se contentent de regarder. On l'accepte. Mais qu'en est-il de celui qui monte sur la piste, tout en sachant qu'il ne gagnera pas ? Pourquoi participer à une course quand on sait qu'on ne finira pas premier ? Pourquoi s'élancer quand Usain Bolt est dans votre couloir ?

Ma réponse est simple : pour ne pas perdre.

Participer à une course au côté de Bolt, c'est déjà une victoire. Penser l'inverse, c'est oublier que l'échec, c'est de ne jamais avoir pris le départ. Regardez les tribunes : ceux qui n'ont jamais couru. Ont-ils gagné quelque chose que le dernier sur la piste n'aurait pas ?

Ce que je veux dire, c'est ceci : Dans notre quotidien, il n'est pas toujours nécessaire de chercher à triompher. Il suffit parfois… de ne pas abandonner.

Essayez cette approche. Au lieu de vous lever le matin avec l'objectif d'être parfait, dites-vous simplement : "Aujourd'hui, je vais faire de mon mieux… et éviter les conneries."

Vous verrez, ça change tout. Parfois, la plus grande victoire, c'est simplement de ne pas avoir saboté sa propre journée.

Un Mot Personnel

J'ai écrit ces lignes après avoir écouté « Can't Hurt Me » en livre audio de David Goggins, encore et encore.

Il y a des livres que l'on lit distraitement, et d'autres qui nous happent. Des histoires qui glissent sur nous comme de l'eau sur la pierre, et d'autres qui frappent notre esprit avec la force d'une tempête.

Ce livre, et l'histoire qu'il raconte, m'ont fasciné.

Je l'ai découvert à un moment charnière de ma vie. J'avais besoin d'un élan, d'un souffle pour me relever. Je me tenais à l'orée d'un changement profond.

David Goggins est une inspiration.

Je ne suis pas d'accord avec tout dans son livre. Il y a des approches que je trouve extrêmes, des philosophies que je ne partage pas entièrement.

Mais dans l'ensemble, son message est puissant.

Il pousse à agir. Il pousse à réfléchir. Il pousse à affronter la douleur.

Et c'est cela qui m'a poussé à écrire ces lignes. Cela, et l'invitation de M. Goggins à partager nos expériences. En ce sens, on peut dire que son œuvre m'a donné l'élan nécessaire pour franchir le pas et proposer, moi aussi, mon essai narratif.

J'éprouve un immense respect pour M. Goggins et pour toutes celles et ceux qui, comme lui, repoussent sans cesse leurs limites — allant là où d'autres n'oseraient même pas imaginer aller. Ces personnes sont, et resteront, des exemples de force et de détermination pour nous tous.

D'ailleurs, j'ai la chance de compter parmi mes amis et collègues bon nombre d'hommes et de femmes exceptionnels parmi les exceptionnels. Certains participent à des marathons, d'autres bravent les trails les plus rudes, ou encore l'emblématique Ironman d'Hawaï. Il y a ceux qui courent pendant 24 heures, et même ceux qui s'entraînent aux côtés des meilleurs coureurs au Kenya. Des êtres remarquables, sans aucun doute.

Mais à travers ce récit, j'ai voulu apporter une nuance à la parole de M. Goggins : ceux qui ne courent pas, ceux dont le combat prend une autre forme, méritent tout autant notre respect et notre reconnaissance. Ils n'ont rien à envier aux coureurs de l'extrême.

Je tente simplement de rappeler que les combats sont différents — ni inférieurs, ni supérieurs. Juste autres. Mais quelle que soit la forme du défi que l'on s'impose, l'honneur de la réussite reste le même.

Merci pour votre bienveillance.
Merci d'avoir pris le temps de lire ces lignes.

Du fond du cœur.

— PERSONNE_01-A